Marconics
LA REFORMA HUMANA

Volumen 1. El Llamado del Clarín

Alison David Bird, C.Ht. y Lisa Wilson L.M.T
Elohim La Garcia y Arcàngel Ariel

BALBOA
PRESS
A DIVISION OF HAY HOUSE

Puede hacer pedidos de libros de Balboa Press en librerías o poniéndose en contacto con:

Balboa Press
Una División de Hay House
1663 Liberty Drive
Bloomington, IN 47403
www.balboapress.com
1 (877) 407-4847

Debido a la naturaleza dinámica de Internet, cualquier dirección web o enlace contenido en este libro puede haber cambiado desde su publicación y puede que ya no sea válido. Las opiniones expresadas en esta obra son exclusivamente del autor y no reflejan necesariamente las opiniones del editor quien, por este medio, renuncia a cualquier responsabilidad sobre ellas.

El autor de este libro no ofrece consejos de medicina ni prescribe el uso de técnicas como forma de tratamiento para el bienestar físico, emocional, o para aliviar problemas médicas sin el consejo de un médico, directamente o indirectamente. El intento del autor es solamente para ofrecer información de una manera general para ayudarle en la búsqueda de un bienestar emocional y spiritual. En caso de usar esta información en este libro, que es su derecho constitucional, el autor y el publicador no asumen ninguna responsabilidad por sus acciones.

Las personas que aparecen en las imágenes de archivo proporcionadas por Getty Images son modelos. Este tipo de imágenes se utilizan únicamente con fines ilustrativos. Ciertas imágenes de archivo © Getty Images.

Información sobre impresión disponible en la última página.

ISBN: 978-1-9822-2257-4 (tapa blanda)
ISBN: 978-1-9822-2259-8 (tapa dura)
ISBN: 978-1-9822-2258-1 (libro electrónico)

Numero de la Libreria del Congreso:: 2019902235

Fecha de revisión de Balboa Press 03/06/2019

Contenido

Parte Una
Por Alison David Bird

Parte Dos
Por Lisa Wilson

Para aquellos pocos que, a través de la historia del hombre, se dieron como sacrificio en el altar de la verdad. Tu tiempo es ahora.

Reconocimiento

Con profunda gratitud expresamos nuestro amor y apreciación para Maria Vergara por la traducción al español de este libro, y para Fela Alvarado en su rol de lectora de pruebas en el proyecto. Han demostrado ambas un compromiso inquebrantable hacia la misión y una profunda dedicacion para despertar mayor conciencia sobre Marconics en lectores de habla hispana.

Prólogo

Por Alison David Bird

E l potencial infinito que tenemos dentro de cada uno se describe mejor como un regalo que aún no se ha abierto.

Todos tenemos la habilidad de manipular la energía que corre a través de nosotros y que existe en todo lo que nos rodea- en la tierra, en los árboles, en la tela que cubre la silla en la que estás sentado y el lápiz que sostienes en tus manos- y es la misma energía que estalló nuestra creación.

Estamos todos conectados con todo lo que vemos, y lo que no vemos, y en todo lo que hacemos.

A medida que nuestro planeta regresa al núcleo galáctico, en el centro de nuestra galaxia, arriesgamos nuestra aniquilación porque seguimos ignorando estas habilidades.

Estamos desenchufados, como una radio vieja que no logra recibir la advertencia de una tormenta severa. Y si aun así recibiéramos esta advertencia, ¿sabríamos cómo salvarnos? ¿Cómo es que nos hemos olvidado de lo especial que somos y de nuestro propósito de estar aquí?

Después de un milenio, nos hemos desconectado de las frecuencias que nos solían guiar a la seguridad, a ser feliz, a evolucionar y a alcanzar nuestra potencia máxima, que cuando es usada colectivamente, puede lograr cosas milagrosas.

¡Necesitamos despertar! Somos llamados, no porque existe un Dios enojado que debemos apaciguar o porque hay un castigo que debemos pagar, sino porque estamos al punto de algo tan grande que nuestra sobrevivencia dependerá de que nosotros podamos aumentar la vibración del campo de energía humana para satisfacer los niveles de estas frecuencias invisibles.

Fuerzas no visibles por la mayoría de nosotros nos desean lo mejor y quieren ayudarnos a ayudarnos a nosotros mismos, porque al final nadie viene a salvarnos. La salvación está en nuestras manos.

Esto es el Llamado del Clarín.

Nacemos con dos emociones, amor y miedo. Todas las otras emociones nacen de estas dos. Cada emoción que asociamos con la frecuencia del amor (paz, alegría, equilibrio, felicidad, compasión, creatividad) existen en una banda de frecuencia más alta en comparación con las emociones derivadas del miedo (ira, resentimiento, envidia, y odio). Podemos elegir selectivamente con cual banda de energía nos queremos alinear. Sea cual sea la energía con la que nos alineamos, atraeremos más de la misma energía por ley de atracción y cocreación. Tú estás creando tu próxima experiencia en relación con la experiencia que estás teniendo ahora.

Todo lo conocido en el universo vibra a una frecuencia, incluso nuestros cuerpos físicos. Nos atraen las frecuencias iguales y opuestas con las que nuestro campo de energía humana vibra en resonancia.

Energías positivas y negativas vibran a distintas frecuencias. Cuando dos objetos de distintas frecuencias son puestos uno al lado del otro, un "arrastre" ocurre. La frecuencia de menor vibración aumentara para alcanzar la frecuencia de mayor vibración. El Espíritu llama este proceso transformativo Alquimia.

Para cambiar el mundo, uno debe solamente aumentar su vibración, y los otros alrededor de ti gradualmente aumentaran sus frecuencias por arrastre.

Los humanos vibran alrededor de 249 Hertz. Aquellos que han aprendido a usar sus habilidades más altas (por ejemplo: curanderos, medio videntes, místicos) pueden ser medidos a frecuencias muchos más altas, entre 800 a 2500 Hertz.

Aumentar la vibración humana es la clave para abrir las potencias ocultas del ADN de los seres humanos. Si usamos estas frecuencias altas, descubriremos secretos en este respecto y encontraremos que no estamos solos en esta vida, o en este plano, y que incluso nunca lo hemos estado.

Entonces, ¿por dónde empezamos?

Una persona a la vez.

En mi práctica, yo veo clientes que están al borde de la transformación. Ellos sienten que hay algo más que no pueden ver. Ellos se sienten confundidos, derrotados, y miserables porque ellos sólo perciben el trabajo penoso de sus actividades diarias, las cuales son estériles.

Cuando vienen a mí, están hambrientos por información. Información es evolución. Evolución es Ascensión.

Auto-empoderamiento es el lugar para empezar. La clave es estar mentalmente sano y reconectar nuestro cuerpo físico con nuestra alma. Reforzar nuestro propio campo de energía humana aumenta nuestra habilidad para ser cenestésico y poder sentir cambios sutiles en nuestro ambiente.

Un campo áurico fuerte nos protege de las interferencias electromagnéticas y nos permite escuchar y ser perceptivos a los mensajes provenientes de altas frecuencias, mientras nos protegemos de los bombardeos de energías negativas y dañinas.

Por la gran mayoría de mi vida, yo me consumí en las frecuencias bajas del caos. Yo siempre creí que estaba aislada y sola. Yo no creía que podía lograr ningún cambio que fuera beneficioso, por lo tanto, decidí que no valía ningún esfuerzo. Cuando alguien hablaba de la destrucción de la selva, o la salvación de las orcas, yo gritaba suavemente 'guárdame uno para mí.'

La Alquimia Espiritual me transformó.

Yo no sé por qué estos eventos me pasaron a mí, pero creo que debo pasar esta información a muchos a través de este libro. Talvez el Espíritu me eligió a mí para demostrar que hasta la persona más simple puede lograr una gran diferencia.

Introducción

Desde niña, Alison David Bird fue criada en los antiguos campos de Wiltshire, en Inglaterra, donde las primeras formaciones o 'círculos de cosecha' eran investigadas en los campos cercanos a su casa. Ella podía detectar energía alrededor de ella en forma de entidades; pero ella les temía por falta de conocimiento, lenguaje o información, y por eso cerró su habilidad para comunicarse con ellos.

Años después, se convirtió en reportera y trabajó como correspondiente para BBC y otros diarios nacionales británicos.

Después, ella se convirtió en una de las primeras oficiales de prensa en un nuevo sistema de hospitales de confianza en UK y durante ese tiempo ella fue expuesta a químicos severos, sufriendo discapacidad por un largo tiempo.

Estando al borde de la muerte, ella renegocia su contrato con su alma y conscientemente decide responder a su vida en forma diferente. Unos años después, se muda a los Estados Unidos para empezar una nueva vida.

En el 2008, ella abre su negocio de curaciones prácticas, ofreciendo sanaciones energéticas en niveles múltiples del cuerpo sutil, o en el cuerpo áurico y poco tiempo después empezó a hacer cirugías psíquicas.

Entendiendo que los problemas físicos son predominantemente psicosomáticos, ella estudio hipnosis y se especializo en vidas pasadas e hipnosis de vida-entre-vida, dándole así un profundo conocimiento de la vida después de la muerte y otras realidades dimensionales.

En agosto del 2012, ella fue contactada por una raza avanzada de seres estelares a través de un cliente bajo el estado de hipnosis, quien le explicó que ellos eran Pleyadianos de la Segunda Torre de Embarque. Alison comenzó a grabar estas entrevistas, las cuales tomaron lugar varias veces por semanada durante tres meses; ella escribió sus contenidos, los cuales describen la forma de los eventos que están por venir.

Un mundo de amor y creatividad en una nueva era de oro estaba disponible para aquellos que pudieran aumentar su frecuencia para alcanzarla. Pero estos seres de amor y luz advirtieron también que los seres humanos estaban cercanos de elegir otro camino en la línea de tiempo que incluye cambios cataclismos a medida que el círculo planetario llega a su cierre en los años siguientes.

Estaban preocupados que los Trabajadores de Luz, los Guías, y los Mostradores del Camino, encarnados en la Tierra para asistir a otros en el cambio a una línea de tiempo de evolución humana y la Ascensión a dimensiones superiores, estaban dispersados y pocos preparados.

Le dijeron a Alison que nuevas tecnologías podrían ser alcanzadas, incluyendo nuevas modalidades curativas que podrían activar el modelo de ADN para que el cuerpo humano pueda sobrevivir en las dimisiones superior.

En el 2013, Alison se convirtió en la guardiana de una nueva energía multidimensional llamada Marconics y aclamada como *la reforma humana*. Esto marcó un punto visible en el camino hacia la Ascensión, a través de nuevas energías harmónicas de altas frecuencias en nuevas dimensiones existentes.

En el papel diseñado como Guardiana de las Puertas (Gatekeeper), ella fue guiada a crear la Recalibración de Marconics y el protocolo Sanación 'No-Contacto', y comenzó su misión para entrenar a practicantes a ser anclas de luz superior de frecuencia codificada en la red del planeta y a ayudar a otros en sus transformaciones espirituales a través de activaciones multidimensionales.

Anclando su ser soberano en el 2014, Alison se convirtió en el Avatar Elohim La Gracia, cuando su ser superior descendió en su cuerpo físico.

Un nuevo protocolo le fue entregado, llamado 'la corona', que facilita la entrega de almas superiores (aspectos del ser superior) en el vehículo biológico, introduciendo vibraciones superiores e incorporando guía y sabiduría. Esto es la definición de la Conciencia de Cristo.

Cercanamente después, ella tomó conciencia de una estudiante de Marconics llamada Lisa Wilson, quien había recibido instrucciones de dimensiones superiores y que después contribuiría a otro nivel de Marconics, llamado Marconics Unión 'Yo Soy'. Este otro nivel crea una infraestructura de geometría sagradas harmónicas que facilita el proceso de integración de la luz infinita- o ser superior. Después, Lisa se integró con el Arcángel Ariel.

A partir de entonces, memorias de atentados anteriores para llevar la Tierra a la luz bajo la directiva de dos energías creativas retornó a ambas mujeres, quienes ahora trabajan juntas en asociación.

Este libro es sólo el primer volumen de una serie cronológica en el proceso de la evolución humana. Esta es la historia de Marconics.

Mensaje de Nuestros Patrocinadores

"Atención, viajero. He estado esperando por ti. Hemos caminado este camino juntos, tú y yo, y ahora que la ruta se divide, debemos tomar el camino menos transitado.

Marcaste el mapa antes de venir y dejaste marcas a tu pasar para recordarte de tu misión, pero te desviaste del camino, y buscaste refugio de la batalla, y te quedaste dormido bajo del sol.

Y ahora estas siendo despertado por una tormenta eléctrica. ¿Acaso te has olvidado de tu pacto?"

-- Elohim La Gracia, La Federación Galáctica de la Luz

Algunos corren una carrera lenta y constante hacia la puerta. Son despertados desde el momento que nacieron. Ellos logran ver por detrás del velo, la capa peluda de engaño y confusión que forma la ilusión de sus realidades. Ellos eligieron ver el mundo de manera distinta y no tienen miedo de ser juzgados por otros, porque para ellos la *verdad* lo es todo.

Otros toman su tiempo para agruparse, como un adolescente dormido que arrastra sus pies entre la cocina y el dormitorio, y casi nunca levanta su cabeza hasta que algo luminoso llama su atención. Y luego, de alguna manera, reúne su energía para celebrar hasta el amanecer. Estos seres se despiertan tarde en sus vidas, pero corren hasta el final.

Y hay aquellos que constantemente pulsan el botón del despertador hasta que finalmente son despertados por una catástrofe que los obliga a gritar: ¿Por qué yo? Para ellos, el despertar espiritual es como un golpe en la cabeza por un ladrillo de 2 por 4.

El sufrimiento eleva el espíritu humano. Si tu vida ha sido perfecta, entonces hay una gran probabilidad de que no has sido movido lo suficiente para preguntarte preguntas desafiantes como: *¿Por qué?* O *¿Quién?* O *¿Qué diablos?*

Pero estás despierto ahora, y no importa cuánto tiempo te llevo o cuantas veces te desviaste de tu camino, porque al final estas aquí.

Deberías estar feliz, porque esto es lo que querías.

Antes de venir aquí, dejaste instrucciones específicas a tus ayudantes, para ser despertado. Tú dijiste: "Pase lo que pase, no dejen que me duerma. No quiero perderme el fin del mundo."

Y así escuchaste el llamado del clarín.

Ustedes son los Trabajadores de Luz, los Índigos, los Guerreros, los Soñadores, los Guías, y los Poseedores de Estrellas de Luz. Y aquí estamos, y tenemos los mejores asientos de la casa.

Lo primero que debes saber para poder avanzar, es que nada volverá a ser lo mismo. Disfrútalo.

Lo segundo es que tú no tienes control sobre nada. Nunca lo has tenido. Entonces, déjalo ir.

El Proyecto Tierra está casi terminado. O, mejor dicho, ya llega a su culminación.

Simplemente, estamos esperando que nos alcances mientras suspendemos la realidad para que puedas progresar en una manera lineal de tiempo.

El tiempo no es lineal, como verás. El tiempo es cuántico. No existe el pasado, ni el presente, ni el futuro, solo existe el ahora. Todo pasa simultáneamente en este "ahora" eterno.

Imagina que en la pared hay un reloj, pero los números han sido remplazados por la palabra *"ahora."* Y ahora es *"ahora,"* y en un momento también será *"ahora."*

Básicamente, has vivido dentro de una pecera por los últimos 2,000 años de tu planeta. Dependes de las fuerzas supernaturales para tu existencia; de la misma manera que un pez en la pecera depende del niño que lo alimenta.

¿Quiénes son las fuerzas supernaturales?

Ellos eren Tú. ¡Ellos son Nosotros! Cuando estamos en forma física, podemos ser "Muchos." Cuando estamos en forma Espiritual, somos "Uno."

Somos los Ángeles, los mensajeros de Dios, manifestación de la expresión de la Energía del Creador, llevando la Directiva Divina en un Universo de Amor Incondicional.

Nosotros, el Elohim, somos los creadores de las doce dimensiones estructurales de tu universo, pero hay muchas más dimensiones arriba de esta y muchas energías creadoras más allá de esta.

Por pura simplicidad, nos referiremos a nosotros mismo como la Federación Galáctica de la Luz. Toda forma de vida en este Universo está representada aquí; ya sea como el ser invitado, que se ha iluminado lo suficiente como para desempeñar un papel activo, o como un ser observador, como por ejemplo La Tierra, cuya especie observa cuidadosamente el proceso de su evolución.

Hablamos en nombre del Elohim, los Fundadores- creadores de otros planetas y todos sus seres manifestados y encarnados en los multiversos, los Serafines -seres de orden angelical, y la Alianza de Guardianes- intermediarios planetarios como Comando Ashtar.

Dentro de estas organizaciones existe cada personificación del Espíritu del cual tú estás familiarizado a través de las escrituras y enseñanzas religiosas; Buda, Jesús, Gandhi, Quan Yin, La Virgen María, Krishna, Los Maestros Ascendidos, Los Chohan de los Rayos, los Ángeles y Arcángeles, San Germán, George Washington, JFK, John Lennon, Steve Jobs, y Tú también. *¡Sí, Tú!*

Y por los últimos 2,000 años, ellos han sido tus protectores y guías y han tomado un rol activo en esta etapa de tu evolución.

Y ahora, es hora de que varias verdades sean reveladas, y si no fueras destinado por tu ser superior a escuchar estas verdades, no hubieses abierto este libro.

Yo Soy el avatar Elohim La Gracia, y esta es la época de la raza avatar. Las almas superiores, que asisten voluntariamente en este proyecto, encarnaron aspectos de sus energías dentro de la red del planeta y tienen aspectos de sus YO dentro de cada banda / densidad armónica o dimensión hasta la Fuente.

Aspectos superiores del Ser residentes en estas dimensiones se unirán con el vehículo biológico en integraciones progresivas de identidades de cada dimensión, incluyendo el ser superior de la séptima, octava y novena dimensión; y la identidad avatar en densidad cuatro: dimensiones diez, once y doce.

La unión es referida como la integración soberana. Tú estás volviendo a la fuente de energía, al núcleo galáctico. Esto es cómo el retorno de Cristo será experimentado. Esto es la Unión Yo Soy.

El papel del Elohim La Gracia esta expresado en la vibración de la palabra gracia. Ella es la redentora de las almas.

El Elohim, El Serafín y la Llama Violeta han proveído un mecanismo por el cual fragmentos del ser pueden ser reunidos con su ser encarnado sin la destrucción del vehículo biológico. Este proceso es como unir un collar de perlas, atando identidades a través de una estructura armónica universal.

Esto es como se alcanzará la Ascensión.

¿Qué es la Ascensión?

En la procesión del equinoccio, nuestro planeta recorre el sistema solar y regresa al punto cero en la Galaxia de la Vía Láctea cada 26,000 años aproximadamente. El proceso hace que la Tierra se acerque más a otros planetas, lunas, y estrellas cercanas en el plano galáctico antes de que esta pueda comenzar un nuevo ciclo.

La Tierra es bombardeada con radiación gamma y rayos cósmicos emitidos desde otros planetas, los cuales afectan e influyen condiciones y eventos en la superficie del planeta y dentro de nuestro propio campo humano de energía electromagnética.

Cuando nos alejamos del punto cero, empezamos a dormirnos, a desenchufarnos; pero a medida que nos acercamos a él, las radiaciones electromagnéticas se intensifican, causando que despertemos a un estado de conciencia más alto.

A principios del último ciclo, estábamos en la época de Egipto y plenamente conscientes. Nuestros campos energéticos eran esféricos y hasta 30 pies (9.144 metros) en diámetro. Teníamos treinta y seis sentidos en lugar de los cinco que tenemos hoy, y nuestras chacras eran esferas de anidación, he incluían las glándulas pineales, pituitaria y timo en pleno funcionamiento. *¡Éramos espectaculares!*

Sobre más de mil años, a medida que nos alejamos del plano galáctico, nos desconectamos, en preparación para nuestra experiencia en la tercera dimensión y la ilusión de separación con Todo lo Que Hay. Inmensos en la realidad de la relatividad para experimentar nuestros propios deseos de dualidad, somos preparados para el juego del karma, donde podemos disfrutar de la libertar de elección entre lo bueno y lo malo.

Al final del 2012, retornamos una vez más al punto cero. ¡Estamos siendo despertados! Esto es la razón por la cual esta ha sido anunciada como El Fin del Mundo. Es el fin de la manera con la cual hemos hecho las cosas por más de miles de años.

Estamos regresando a la Fuente de energía, siendo expuestos a mayores niveles de radiación gamma de cuerpos celestiales, provocando cambios en nuestro ADN, despojando nuestro campo de energía viejo y limpiando la banda electromagnética que adhiere nuestra experiencia a nuestra memoria. Estamos evolucionando, *como nuestro planeta.*

Esto no es por accidente. Esto es la voluntad divina. Elegimos reencarnar en este tiempo para ser parte de esta experiencia increíble de la Ascensión, desde la tercera dimensión, a la cuarta, y hasta la quinta dimensión, para poder disfrutar de una nueva era de oro.

Es llamado Ascensión porque transcenderemos a través de las dimensiones sin la necesidad de experimentar la muerte. Hasta ahora, la cuarta dimensión era el plano astral, y teníamos que morir para poder experimentarla. La quinta dimensión es puro amor Pleyadiano y resuena a una frecuencia mayor, sobre todo aquellas dimensiones derivadas del miedo.

Esto significa que nos estamos convirtiendo en seres multidimensionales.

¡Sí! *Multidimensional* es el nuevo color de ropa preferido.

No todos lo entenderemos y tendremos el lenguaje necesario para esto, pero todos nos estamos convirtiendo en seres multidimensionales *de todas maneras.*

Esta es la nueva fase de la evolución humana.

A medida que regresamos a la Fuente de energía, regresamos a nuestros estados de ser cuántico. Volvimos al centro galáctico al final de este ciclo de 26,000 años, después de haber reunido toda experiencia disponible en el paradigma de la tercera dimensión.

Dimensiones son simplemente distintos estados de conciencia del ser. Científicos se preguntan. ¿Es el estado físico solamente uno de las muchas densidades? La respuesta es ¡Sí!

Energía vibrando a distintas frecuencias es la descripción que define la palabra *dimensión*.

Energía vibrando en frecuencias inferiores arrastrará átomos y moléculas para formar materia física, o densidad, en la tercera dimensión.

Cuando la frecuencia de vibración aumenta, la materia no puede mantenerse junta, las partículas se desprenden y la materia se reduce a formas cada vez más etéricas, hasta que solo forma una energía pura, o luz permanece.

Dentro de este sub-universo, hay doce dimensiones que debemos considerar. Afuera de este sub-universo, hay muchas, muchas más dimensiones en todos los multiversos, e incluso en los reinos interiores de nuestro propio cuerpo multidimensional. Todos están repletos de vida.

Nuestra habilidad para percibir estas dimensiones se corresponde con la evolución de nuestro ADN. Una manera de entender las dimensiones es imaginar una muñeca rusa. La muñeca más pequeña está dentro de la más grande. Parecen estar separadas unas de las otras, pero coexisten en el mismo espacio. Los átomos que están en y alrededor de la muñeca más grande se unen para incluir los átomos y las moléculas de la muñeca más chica.

Otra analogía seria imaginar dimensiones que están unidas unas a otras, como hojas transparentes de papel acrílico. La primera hoja incluye los campos y árboles. La segunda hoja contiene las estructuras y los edificios, una granja. La tercera contiene las vacas, ovejas, y caballos. Puestas juntas crean el dibujo completo. Cada hoja representa una banda de vibración armónica. Si no estás en resonancia con esta vibración armónica, no será posible para ti verla. Piensa esto como un silbato para perros. Tú no puedes escucharlo, pero el perro obviamente si lo puede hacer.

O puedes pensar esto como una estación de radio. Si estas en sintonía con FM de música clásica, no podrás entonces escuchar música country. Tendrías que sintonizar tu radio para escuchar música country, pero de hacerlo así no podrías escuchar la frecuencia clásica.

Todas las cosas existen en el mismo tiempo y espacio, pero en distintas bandas de frecuencia. Muchas de estas bandas no pueden ser percibidas por nosotros en nuestro estado.

Al final del último ciclo, fuimos calibrados para poder ver, sentir y vivir la densidad de la tercera dimensión.

El cuerpo es como un instrumento finamente afinado y ahora debe ser recalibrado para poder funcionar y sobrevivir en la banda de frecuencias altas, para existir en las dimensiones superiores. De no ser así, el cuerpo físico simplemente se quemaría. Sería como enchufar un secador de pelo de bajo voltaje a un enchufe de alto voltaje eléctrico; terminarías con un plástico derretido y con circuitos quemados.

A medida que caminamos hacia la luz, nuestro ADN se activa para poder percibir otras dimensiones.

Cuando nos hundimos en las densidades de las bajas dimensiones (de dos a dos), nuestras cadenas de ADN fueron envueltas en membranas de luz y puestas en reserva hasta que llegara la hora en la cual estuviéramos listos para comenzar nuestro camino hacia las dimensiones superiores de luz.

Las dos cadenas de ADN- *la doble hélice*- que han estado activas en el vaso físico para nuestra experiencia presente, fueron adaptadas para sintonizar las dimensiones una, dos y tres. Y ahora, que activamos nuestro ADN y las células de la conciencia de Dios penetran más y más profundamente dentro de la estructura física, a medida que más cadenas de ADN son activadas, empezaremos a resonar con dimensiones altas correspondientes, hasta el núcleo galáctico. Las doce cadenas del ADN, o hélice doce décimos, nos dan la libertad y un campo para salir de la matriz del tiempo planetario y atravesar las dimensiones a nuestra voluntad.

¿Cómo son las dimensiones?

Bueno, mejor nos concentramos en las dimensiones de esta matriz. Sabemos que la tercera dimensión tiene que ver con la fisicalidad. Es materia basada y experimentada a través de las densidades del vehículo biológico moviéndose y recopilando experiencias en una forma lineal de tiempo.

La cuarta dimensión era hasta ahora considerada el plano astral. La cuarta dimensión es un espacio transitorio como un corredor entre la tercera y la quinta dimensiones. Es como un panel vacío que puede ser decorado como tú lo desees. A medida que te reajustas a tu experiencia multidimensional, puedes no estar preparado para estar directamente en la quinta dimensión y puede que hayas decidido decorar tu panel para que aparente estar aún en la tercera dimensión, porque es ahí donde te sientes más cómodo. O lo puedes haber pintado para que aparente estar en la quinta dimensión, listo para una transición.

La quinta dimensión no es la dimensión final; es el aeropuerto a las otras dimensiones, y es el principio de tu *experiencia multidimensional*. Compuesto por resonancias armónicas, es donde tu exploraras movimientos a través del tiempo y el espacio. En esta dimensión, solo existe manifestaciones inmediatas a través de la proyección del cuerpo físico.

Dimensiones más allá de esta no contienen conceptos o lenguaje hablado. Comunicación es por medio de símbolos, metáfora, o lenguaje de luz, geometría, color, y vibración. A través de estos métodos, las frecuencias de las dimensiones superiores pueden ser comunicadas telepáticamente.

Nos estamos convirtiendo en seres poderosos, que no solo podemos crear con nuestras manos, pero también con nuestras mentes.

Sin embargo, el poder de la manifestación es como un cuchillo de doble filo. Nuestras mentes, nuestra intención consciente, nuestras palabras y nuestros pensamientos- positivos o negativos- nos alinean con las frecuencias correspondientes.

Esta habilidad de crear con la mente fue aprovechada por aquellos que utilizan esta energía durante eones de años y por tal razón hubo una necesidad de poner el planeta en cuarentena, declarándola una zona libre de albedrio.

El nuevo mundo será creado no solo con nuestras manos y creatividad, pero también con la energía de nuestros pensamientos y acciones, y en este tiempo es anunciado que los humanos tomarán decisiones superiores.

Con el incremento de la vibración del planeta, nos moveremos también sobre la banda de frecuencia que las fuerzas opositoras escuchan, haciéndonos visibles a ellas.

Entonces ahora considera lo importante de nuestra intención en todo lo que hacemos, a medida que cocreamos nuestro nuevo mundo.

Cambia tu pensamiento, y cambiaras todo.

El poder de la intención ha sido usado por sanadores durante siglos, pero una vez más este fue limitado por la habilidad de la persona para poder creer. Por esta razón, unos de los mejores sanadores son los niños. Ellos están abiertos a toda estructura de creencia. La fe es dada. Ellos no limitan el flujo de energía con las dudas de la mente analítica.

Con qué frecuencia nos permitimos explorar, *¿Esto realmente funciona? ¿Cómo esto funciona? Si realmente funciona, ¿cómo podría funcionar a través de mi? No soy muy bueno para esto, me estoy engañando a mí mismo.*

Esto es la mente del ego, que ha sido una fuerza dominante en la mayoría de nosotros por mucho tiempo. Ahora que el ser superior empuja desde los reinos del Espíritu para guiarte en este tiempo transformativo, la mente del ego se siente amenazada y se resistirá.

Es la voz que te molesta cuando intentas meditar. *Vamos a ir de compras hoy. ¿Lo recuerdas? No puedes perder tiempo aquí haciendo nada. ¿Dónde has dejado tus llaves? Deberías salir ahora antes que el tráfico se ponga pesado…*

Siempre y cuando logremos trabajar en armonía con la mente del ego y dejemos que el Espíritu siga hacia delante, podremos tener éxito con este *Cambio*. Solo cuando individuos de mentes ligeras aumenten sus vibraciones de tal manera que pueden anclar frecuencias de luz superiores en la red del planeta, podremos todos movernos hacia el nuevo paradigma.

Parte Una

Por Alison David Bird

Capítulo 1

Ángeles en Mi Té

En mi oficina, tengo una estatua miniatura de un ángel con inmensas y poderosas alas, arrollado sobre una roca de piedra gótica, y su cabeza resta sobre sus brazos como si él estuviera en desesperación. Guardo esta estatua con el fin de recordar mi propio camino. Cuantos años me llevo llegar aquí y cuantas veces ellos trataron de guiarme, advertirme y protegerme, y las veces que seguí adelante como un súper camión sin tripulación - sin frenos y fuera de control.

Ellos lloran por nosotros, pero no sienten desesperación por nosotros. Ellos no se paran al lado de la nevera, diciendo, ¿Qué demonios, hombre? ¿Alguna vez esta mujer se despertará? Ellos no deciden quien es mejor o quien vale más o quien es más popular. Sus trabajos es guiar, y ellos aman incondicionalmente.

* * *

Crecí en las antiguas tierras de Wiltshire en una casa rodeada de campos donde las primeras formaciones o 'círculos de cosecha' eran descubiertos. El Espíritu intentó contactarme desde pequeña, pero yo lo ignoré. Toda clase de contacto me aterrorizaba. Mi familia era militar y no religiosa. Cualquier cosa fuera de estas dos, era simplemente considerado locura.

Hasta que fui adulta y casada con hijos, viví una vida en la tercera dimensión, esforzándome por tener éxito en el mundo del periodismo en el Reino Unido, el cual es primordialmente dominado por el sexo masculino.

Como todos alrededor mío, inspiré por éxito y bienestar económico. Era materialista y codiciosa y competí con cualquiera para sobrevivir y ser considerada. Seguí este camino, a pesar de las advertencias del Espíritu quien quería que me alejara de todo eso.

Cuando tenía treinta y cuatro, sufrí un accidente que me dejó postrada en la cama por un año y quedé discapacitada por diez años. Vi la posibilidad de cambiar, pero no en forma positiva. Básicamente, tuve que renunciar mi vida por completo.

Después de un divorcio amargo, que incluyó una batalla por mis hijos, mi vida parecía ser mucho trabajo. Era más fácil volver a la mentalidad de la víctima, ya que me daba una excusa para no tener que competir en un mundo en el cual yo no pertenecía. Estaba a salvo encerrándome detrás de las puertas.

Marqué la detallada progresión de mi existencia- planeé que viviría hasta llegar cerca de mis sesenta, momento en el que finalmente podría dejar todo ir y morir- basada en la llegada de mi cheque mensual de incapacidad. Esto fue así por varios años.

Era sensible a productos químicos y tenía varias alergias. Después de comer una cucharada de arroz contaminado con una porción severa de glutamato de sodio (GMS), tuve una reacción severa mientras dormía, y fue ahí que me dieron una clara oportunidad de cruzar y abandonar el planeta.

Me encontré volando por encima de un hermoso y serpenteante río con exuberantes orillas verdes, voces sutiles me decían que era mi hora y que debía cruzar, y que, si decidiera quedarme aquí, entonces quedaría atrapada en un espacio intermedio.

Sentí la finalidad del mensaje y comencé a usar mis brazos como nadando en una especie de golpe de espalda para no cruzar el río. Luché y luché contra él hasta que me di cuenta de que simplemente estaba siendo recordada. Fue como si ellos me estuvieran diciendo, "Esto no va muy bien,

¿verdad? Porque no vienes ahora, obtienes un nuevo cuerpo y le damos a esto otra oportunidad."

Estaba fracasando en mi vida y recordé de repente que había un propósito. Había algo para lo que había venido, y lo había olvidado. Decidí en ese momento regresar y cumplir con mi contrato.

Esto sucedió en una secuencia de sueños. En el pasado, si tenía una reacción como esta durante el sueño, gritaba tan fuerte como podía hasta que mi marido, que eventualmente me escuchaba lloriquear, me despertaba.

Así que le grité repetidamente. Lo siguiente que supe fue que estaba sobre una camilla en el hospital, las ruedas se movían debajo de mí, y pude escuchar el susurro de las batas blancas y el chasquido de los guantes de goma. Sentí la aguja de una terapia I.V. insertada en un brazo. Pensé: "Chris debe haberme escuchado, pero no pudo despertarme, así que pidió ayuda". Y razoné: "Estoy en el hospital, y todo lo que tengo que hacer es estar consciente, y ellos me arreglarán".

Parecían luchar por mí durante algún tiempo, pero cuando se detuvo, me encontré sentada en mi cama en mi casa. Nada de eso había sucedido.

Supe desde ese momento que había renegociado mi contrato. Se me permitió regresar, y ésta fue mi primera experiencia de intervención espiritual.

Fue el comienzo de mi recuperación, y varios años después, después de una serie de eventos sincronizados, lo que hizo posible lo imposible, mi familia se mudó a los Estados Unidos y abrió una tienda de té británica.

No mucho tiempo después de abrir la tienda, alguien me pide que le leyera las hojas de té. Nadie ha leído hojas de té en el Reino Unido por casi doscientos años; así que, por supuesto, dije que no.

Una tarde, una madre frustrada con seis niños me rogó que los entretuviera. Así que pensé, *¿Qué tan difícil podría ser esto?* Bajé símbolos de la computadora; el corazón significa amor, la herradura significa buena suerte, etc.

Cuando comencé a mirar fijamente a la taza de té y los grupos de hojas negras, empezaron a surgir historias. Los secretos más oscuros de la gente me fueron revelados para que pudieran ser guiados a tomar mejores decisiones. La información era específica y personal, y yo no tenía idea de dónde venía esta información. Así que una vez más, lo ignoré.

Entonces una amiga, que estaba pasando por un divorcio, me pidió que leyera para ella. Esto fue bueno para mí, porque sentí su necesidad sobre la mía, y pronto la lectura se convirtió en una práctica diaria, lo que me permitió perfeccionar mi habilidad.

Mis predicciones se hacían realidad en horas. Las hojas de té parecían transformarse y moverse durante una lectura, por lo que yo podía mostrar las imágenes al cliente. Parecían imágenes dibujadas con un bolígrafo. La gente tomaba fotos.

Una vez, me quedaba algo de té después de una lectura y decidí hacerme una taza. Pude ver un pequeño avión volando sobre una cordillera con algo cayendo desde el parabrisas. Mi esposo y yo debíamos volar con amigos al estado de Washington en una pequeña avioneta. Así que hice otra taza. El avión se estrellaba en las montañas. Le mostré la taza a mi amiga y le pregunté qué veía. "Es un avión que se estrella", me dijo.

Así que hice otra taza. Todo lo que pude ver fueron las montañas y la cola del avión sobresaliendo.

Le dije a mi esposo que no íbamos a volar, pero no podríamos decirles a nuestros amigos porque nunca nos hubieran creído y perderíamos dos buenos amigos. Razoné que, si no estábamos a bordo, ya habíamos cambiado algo. Me sentí aliviada al descubrir que el piloto canceló el vuelo por su propia cuenta debido a un sentimiento.

Sin embargo, el piloto me llamó unos tres meses después, cuando había intentado hacer el viaje a Washington nuevamente. A mitad del vuelo, en la oscuridad, el avión había sido golpeado por un ave grande, lo que causó que el parabrisas del avión se cayera. Perdió sus gafas, su equipo de radio y, con este, todo contacto con la torre.

Las noticias decían que la increíble habilidad del piloto le permitió mantener contacto con la torre a través del código Morse, y la torre lo guío a un campo en la oscuridad. Sólo sufrió heridas leves en la cabeza y la cara.

Si hubiera estado en ese vuelo, habría puesto mis brazos alrededor de su cara y cuello en un intento histérico para salvarme, y todos hubiéramos sido condenados.

La lectura de hojas de té se convirtió en un gran atractivo para la tienda. La gente buscaba consejos sobre relaciones, planes de jubilación y decisiones que cambien sus vidas. Las empresas locales preguntaban si deberían cerrar sus negocios durante la crisis del 2008. Una vez, en un salón de té lleno de clientes que se turnaron para mirar la taza, las hojas predijeron la muerte de la democracia días antes de que muriera el senador Ted Kennedy.

Durante años, mi comprensión de lo metafísico era limitado a saber que había fantasmas, y que la gente moría y se iba a otro lugar que les permitía ir y venir a esta dimensión por elección. Y así como existen personas buenas y malas, existen espíritus buenos y malos.

Mis abuelas se habían convertido en mis guías espirituales y les encantaban una buena lectura de hojas de té, pero realmente no entendía el cómo o por qué. Nunca conocí a mi bisabuela y apenas vi a mis abuelas en los pocos años en los que estuve en un internado escolar, mientras mis padres estaban en Alemania. Aproximadamente una vez al mes, durante el fin de semana, iba a Birmingham, Inglaterra, y ellas cuidaban mí.

Sabía que Nana Fletcher tenía poderes, y sus hijos y sus primos sabían que ella era una bruja. Ella sabía cosas incluso antes de que sucedieran. Cuando eran niños, nunca podían salirse con la suyas, ya que Nana siempre parecía tener información privilegiada sobre dónde estaban y qué estaban haciendo.

Ella siempre supo, momentos antes de que sucediera, que el teléfono sonaría, exactamente quién estaba en el otro extremo, e incluso la naturaleza de la llamada. En medio de una conversación, Nana levantaba su mano y todos se callaban. Un momento después, sonaba el teléfono.

"Ah", dijo, "es Jack. Mary está muerta", o algo similar.

También creía que se debía evitar y temer cualquier contacto con los espíritus hasta que me diera cuenta de mis guías.

Desde entonces, me educaron para entender que mi nuevo sistema de creencias no era una bolsa de selección. No puedo decir: "Oh, creo en esto, ¡pero no creo en eso!" Una vez que comencé a pelar las capas, me di cuenta de la verdad acerca de quiénes somos y de dónde venimos.

Mi educación parecía continuar a diario, con personas que nunca había conocido entrando a mi tienda con una gran cantidad de información que aparentemente estaba destinada a que yo escuchara en ese momento exacto. Era como si estuvieran dejando un rastro de migajas de pan para que las siguiera y me guiara a la siguiente pista en el mapa del tesoro.

En una tarde particular de julio de 2009, una mujer canadiense pagaba algo en el mostrador. Me entregó un disco de metal estampado con un ángel guardián. En este punto, no tenía conciencia o creencia en los ángeles. Eran un mito, hecho por el hombre. Para empezar, sus alas tendrían que ser *mucho más grandes* de lo previsto para creer que podían volar. Y, en segundo lugar, ¿dónde vivían? Los habría visto volando alrededor de un avión, tocando las arpas sobre las nubes esponjosas.

La mujer canadiense dijo: "Me gusta regalar estos ángeles cuando veo a alguien que debería tener uno." Así que lo tomé y le dije gracias.

Más tarde ese día, dos mujeres indígenas vinieron a tomar el té. Luego, pagando en el mostrador, una de ellas salió a reunirse con su esposo que esperaba afuera de la tienda. La otra, que aparentemente podía leer auras, se quedó en la tienda hasta que este estuvo vacío. Ella me dijo: "¿Sabías que eres del reino angelical?"

Yo no respondí. Todavía estaba tratando de procesar la pregunta cuando ella agregó: "Puedo decir por tu aura, que eres del reino angelical. Pensé que te gustaría saber".

Ella sonrió y se fue. Miré a Lilly, la chica que trabajaba conmigo cada verano, que estaba parada en la cocina con la boca abierta.

Ella simplemente puso los ojos en blanco.

Me senté en la computadora al lado de la caja y abrí Google.com. *¿Hay un reino?*

Sí, de acuerdo con la página Wikipedia, de hecho, hay un reino angelical, y así recibí mi primera lección de angelología.

Una semana después, estuve con una de mis primeras clientes de Reiki, una sobreviviente de cáncer. Desde que comenzó sus tratamientos, ella había estado recibiendo visiones y mensajes muy claros relacionados con su curación. Cada semana, me describía sus visiones y me mostraba imágenes detalladas que había dibujado en el momento. Las visiones usualmente venían cuando ella estaba en el baño. Razoné que esto se debía a que el agua era un gran conductor, y las tuberías proporcionaban conexión a la tierra. Cerró las cortinas de la ducha alrededor del baño, las que encerraban el espacio y facilitaban que las energías se manifestaran y se contuvieran.

Ella dijo que, durante una visión, una mano de oro apareció sobre la cirugía. Ella preguntó: "¿De quién es esta mano? ¿Es la mano de mi guía? ¿Es la mano de Dios?"

"Es la mano de Alison", ella afirmó haber escuchado muy claramente. "Todo lo que haces con Alison es seguro".

Luego, ella dijo que me vio representada como un ángel suave, redondo y hermoso con alas que me hacían parecer aún más redondita en forma. Era exaltada y alta, con los brazos abiertos, lista para abrazarla. Cada una de mis alas tenía una pluma que se curvaba en los extremos, formando un círculo.

Me costó aceptar el concepto de los ángeles. Se sentía como un avance, pero no estaba en posición de elegir a quién y en qué creer. Confié en que en algún momento lo entendería y quedaría claro, así que esperé cada día por mi lección. Cuando llegó, Lilly y yo la observamos juntas y dijimos: "¡Aquí está!" Siempre reconocí mis lecciones con un "Gracias".

En los días siguientes, no pude alejarme de los ángeles. Imágenes de ángeles, libros de ángeles, ángeles en camisetas y llaveros. Al igual que cuando uno cambia el auto, y de repente cada persona parece estar conduciendo el mismo.

Unos días después y de la nada, una joven irlandesa que había trabajado conmigo dos veranos antes, hizo una visita especial a la isla para ver a su viejo novio.

Empezamos una conversación sobre lo que estaba sucediendo, y ella recomendó un libro publicado ese año por una mujer irlandesa llamada Byrne, titulado *Ángeles in Mi Cabello*. Ella dijo: "¡Tienes que leerlo! Esta mujer veía ángeles desde niña, y nadie le creía".

Compré el libro, y allí encontré mi afirmación. Reto a cualquier persona a leer ese libro y seguir dudando de la existencia de los ángeles.

En ese momento yo ofrecía muchas lecturas y sentí que este libro había llamado mi atención para así confirmar algo que ahora creo que es verdad. Después de eso, pensé que podía dejar el libro a un lado y seguir con mi vida.

No fue tan así. Fui guiada a leer el libro varios meses después. Una tarde invernal, cuando nevaba, la televisión satelital se apagó, y escuché muy claramente, "Lee". En ese entonces, mi colección de libros era un poco delgada. *¿Leer qué?* Pensé, y miré a los estantes. El libro estaba sobre la mesa. Lo agarré y lo abrí en el siguiente capítulo desde donde lo había dejado. Era como si este capítulo hubiera sido escrito por mí, incluso para mí, refiriéndose a mi propia experiencia personal y abordando todos los problemas de mi vida. Lleve conmigo los efectos persistentes de mis problemas durante años, cargado el dolor y la culpa que estos causaban, y aquí estaban siendo referidos en blanco y negro, en las páginas del libro de otra persona, y explicados con compasión y perdón. Como si esta explicación fuera simplemente para mí.

Se trataba de las almas de los niños por nacer y cómo nunca abandonan a su madre, incluso aquellos que no llegan a nacer y permanecen cerca a lo largo de la vida de la madre y la aman sin culpa, aunque ella nunca pueda sentir conscientemente sus presencias.

Con lágrimas corriendo por mi cara, me recosté en el sofá y miré por la ventana. Estaba nevando, y la nieve me recordó a la sección en el libro donde habla de ángeles cabalgando sobre los copos de nieve para hacer reír a la autora del libro. En la ventana, la luz y la sombra eran tales que podía ver el contorno de un ángel con enormes alas, cosa que nunca había notado antes.

Mi esposo llegó a casa poco después, vio mis lágrimas y riéndose burlonamente me pregunto. "Oh, ¿qué has estado leyendo ahora?". Lo senté, puse el libro en sus manos y le hice leer lo que yo acababa de leer. Él lloró.

En otra ocasión ese verano, dos mujeres más vinieron juntas para que les leyera las hojas de té. Una de ellas era una mujer médica intuitiva de la Florida. Su amiga era una mujer local que patrocinaba sus visitas.

Se presentaron apropiadamente después de la lectura, diciendo que habían oído hablar de mí y que querían venir y comprobarlo ellas mismas.

Ella dijo que pensaba que yo decía la verdad y que me estaba desarrollando como una curandera psíquica, al igual que ella, pero más rápido. Hablamos por un largo tiempo durante el cual, ella me confirmó muchas cosas.

Luego, me preguntó si me estaba protegiendo correctamente.

Le dije que creía que había experimentado ataques psíquicos. Y sin saber por qué, dije, "Arcángel Miguel, por favor protégenos en las horas oscuras." Sentí que esto había sido puesto allí y continúe diciéndolo como parte de mi ritual nocturno.

Ella dijo que había experimentado ataques psíquicos al comienzo de su carrera y agrego, "Miguel es nuestro arcángel. El protege a los sanadores de las energías terrenales. Él toma a estos seres y los ayuda a cruzar."

Manejando regreso a casa, trataba de recordar todos los detalles que habían sucedido entre nosotras, para poder contárselas a mi marido, Chris.

Pero por alguna razón, no lograba recordar el nombre del arcángel. Repetí todos los nombres de los arcángeles, pero ninguno resonaba conmigo.

Cuando llegué a casa, seguía pensando y preguntándole a mis guías, pero yo no recibía ninguna información. Me senté a descansar sobre la silla ubicada al lado de Chris, quien recién entraba a la sala y agarraba el control remoto de la televisión. En mi cabeza, seguía hablando con mis guías y les decía, "vamos, ¿por qué no me ayudan? ¡Tendría que poder escucharlos! ¿Por qué no me dan una pista o algo?

En ese momento preciso, Chris enciende el televisor e incluso antes de que la imagen aparezca en la pantalla, la palabra *Miguel* fue la primera y solamente hablada.

"¡Gracias!" exclamé, y les dije. "¿Qué estaban esperando? ¿Una invitación escrita?" *Ellos tienen un sentido del humor, te aviso.*

Antes de reconocer la presencia de un espíritu, yo practiqué lo que los médiums llaman aperturas. Son rituales pequeños donde invitas al espíritu o guía de buen ser a trabajar contigo. Si tú no eres clariaudiente o clarividente, puedes pedirles que te den una señal de cuando ellos están presentes- un toque en el hombro, una fragancia, o lo que a ti te haga sentir más cómodo.

La apertura debe hacerse en un lugar pequeño, de espacio reducido, como un ropero, para contener la energía más fácilmente. Es importante primero que te conectes con la tierra, imaginado que tu energía baja por tus pies como dos raíces que crecen hacia abajo, hasta el centro de la tierra. Luego, visualiza que estás rodeado de luz blanca y protegido de las energías negativas.

Imagina que estás sentado sobre una silla en un teatro oscuro. Luego visualiza, imagina o mira como las cortinas del teatro se levantan, simbolizando que el velo entre este mundo y el del Espíritu es removido. Lugo pregúntale al espíritu que se acerque más y más hasta que tú puedas detectar su presencia. Casi siempre, lo sientes sobre tus hombros, al lado de tu cabeza.

Como parte del ritual, haz algo que indique que tú deseas ser contactado por el espíritu y cuya presencia sea conocida. Ejemplos incluyen encender una vela, apagar la luz, o abrir un libro. Después, cuando todo está terminado, tú puedes revertir la señal y el espíritu entenderá que deseas que este te deje solo.

Es importante dejarle saber al espíritu que tú quieres que él te avise de su presencia. Yo le pedía desde el principio que me dejara sentir la energía estática en mi piel, científicamente comprobada como iones positivos cargados eléctricamente.

Recibir información sin usar los sentidos es considerado una habilidad normal de la naturaleza humana y es como el mundo científico describe a un médium.

Hay varias formas en que la ciencia contemporánea trata de explicar la capacidad psíquica. Una de estas es ser sensible al medio ambiente y una capacidad natural de la mente humana, la cual puede ser perseguida a través de la ciencia.

Yo siempre era consiente cuando mi abuela y otros guías estaban presentes. Al llamarlos, los sentía al lado de mi mano izquierda. Por un tiempo, supe de la existencia de algo al lado de mi mano derecha. ¿Era acaso un ángel? Le pedí a él o ella que me dejara sentir su presencia, y lo hizo. A veces, replicaba la energía estática que mi abuela demostraba. Otras veces, tocaba mi cabello. También sentí un toque de hombro y mientras sanaba podía sentir el trazo suave de una pluma cruzando mi pecho y ojos.

Yo sé que no tienen plumas, pues ellos son seres de puro amor. Pero si se los pides, ellos pueden manifestar la experiencia para ti.

A medida que aprendes a detectar sus presencias, puedes preguntarle al espíritu preguntas y esperar escuchar las respuestas o recibirlas a través de mensajes sincronizados.

Desarrollé el hábito de hablar con ellos a diario; caminaba afuera y ellos respondían mis preguntas pequeñas. Podía preguntarles una cosa en la noche y saber que tendría la respuesta al otro día. Antes de dormir, agradecía a ellos y a Dios por haberlos enviado a mí vida. Muy pocas veces, pedía por algo y trataba de vivir con gratitud, reconociendo las cosas buenas de mi vida y diciendo "Gracias." Llegué al entendido que pase lo que pase, bueno o malo, nunca estaría privada de saber los porqués y por cuántos. Confiaba que había un propósito, parte de un dibujo mucho más grande.

El cerebro izquierdo es decepcionante cuando uno trata de recibir mensajes, y cuanto uno más se concentra o cuanto más uno se esfuerza, mayor él se resiste.

Comenzarás a notar cómo el mensaje es recibido, con más naturaleza, a medida que dejas ir todo control.

Recuerdas esos momentos donde dijiste, "Ya sabía que esto iba a suceder." Ese momento fue en el cual recibiste el mensaje.

Mensajes pueden venir de distintas maneras. En un día de verano, mientras manejaba desde mi casa hasta la calle principal llamada Edgartown-West Tisbury Road, tuve un sentimiento muy profundo de que pasaría la caravana del presidente Obama. Él estaba de vacaciones con su familia en la isla.

Me pregunté el por qué, de la nada, esta información vino a mi cabeza y razoné diciendo que yo estaba manejando en camino a la biblioteca, ubicada hacia la misma dirección de la casa alquilada por el presidente, y por lo tanto mi mente subconsciente me había dado esta información por asociación.

Pero como vivía a penas a una milla (1.6 kilometres) de donde ellos estaban, no había ningún motivo que explicara por qué debería tener alguna expectativa de verlos ese día. El sentimiento era fuerte y familiar. Fui recordada de dos situaciones anteriores donde sentí lo mismo, y el resultado final fue satisfactorio. *"Tal vez lo vea después,"* pensé.

Para cuando llegue a la biblioteca, ya me había olvidado completamente de esto. Devolví mi libro y me dirigí hacia el tráfico ubicado en Vineyard Haven, pero cuando manejé hacia la intersección, un policía en motocicleta había bloqueado la calle hacia Vineyard Haven. Me saludó y yo continué hacia Edgartown, una dirección que yo no planeaba. Momentos después, era el único auto entre dos policías en motocicletas, y la caravana presidencial estaba viniendo hacia mí.

No logre verlo, obviamente. En realidad, podría él haber sacado su cuerpo por la ventana de su SUV y hacerme una morisqueta; probablemente todavía no lo hubiera visto, ya que estaba concentrada manejando mi auto en línea recta. ¡Fue emocionante! ¡No todos los días se cruza uno al presidente de los Estados Unidos! Particularmente cuando eres británico.

Mantuve ese sentimiento emocional positivo y reconocí que el mensaje había sido real y significativo para mí, y agradecí a los ángeles por este pequeño regalo. A partir de ese momento, supe que sería un buen día, y así fue.

Tuve sesiones exitosas con mis clientes y me sobraron algunas horas del día, así que decidí ir a al banco en Vineyard Haven, considerando el tráfico de agosto. Al salir del estacionamiento, tuve un impulso urgente de manejar en la otra dirección, hacia la tienda de segunda mano. No quería ir. Tendría que luchar con el tráfico de ida y de vuelta, y hacía calor, y realmente no necesitaba comprar nada en la tienda, así que, ¿para qué molestarme? Pero el impulso era demasiado grande como para ignorarlo, así que me rendí y fui, murmurando en voz baja: "Será mejor que haya lugar en el estacionamiento". El tráfico se movía fácilmente y, cuando llegué, otro automóvil salía del estacionamiento, dejándome el lugar.

Sabía que había llegado ahí por alguna razón.

A menudo, yo era guiada de esta manera. He sido guiada a cada libro que he leído desde el 2008. Me guían a una tienda, me paro adelante del estante de libros, y muevo mi mano hasta que escucho. "¡Para!" O "te pasaste, regresa."

Una muestra de arte había terminado, y varios objetos no vendidos estaban a descuento, por lo cual había mucho para mirar. Pasé dos veces por delante de un cuadro con marco iluminado que contenía palabras escritas en latín. Amo los cuadros iluminados, y yo necesitaba colgar algo en la pared de mi oficina, pero la frase en este incluía la palabra *apocalipsis* al principio de la misma. ¿Por qué pondría en mi pared un cuadro que habla del fin del mundo?

Pasé por delante del cuadro una vez más, pero este me seguía llamando la atención. Sabía que debía tenerlo, pero no entendía el por qué.

Lo compré por $15, y tan pronto como regresé a casa, consulté con el Oracle Google y descubrí más información sobre sus palabras y por qué debía tenerlo.

Descubrí que, aunque en estos días la palabra apocalipsis es asociada con el fin del mundo, la palabra proviene de la palabra griega que significa *revelación, o levantamiento del velo.*

Aquí abajo, incluyo la descripción que más llamó mi atención.

Apocalipsis- los secretos del mundo por venir son revelados por mediación angelical con un marco narrativo.

La lección fue como aprender a seguir la corriente y reconocer como el mensaje había sido entregado.

A medida que me sentía más protegida, los ataques psíquicos por la noche se minimizaron, hasta que un día, ellos dejaron de existir.

Yo imaginaba mi ángel guardián conmigo todo el tiempo, y otros ángeles venían e iban a medida que era necesario. Ellos me protegieron y guiaron.

Los ángeles pueden interceder sin invitación si estamos en peligro de muerte.

Chris y yo estábamos en España, conduciendo por una estrecha carretera hacia Guadalest, un fuerte en la montaña. Era un camino largo y sinuoso con cara de roca esculpida en un lado y un profundo barranco en el otro. Podías mirar y ver los restos de automóviles quemados que se habían salido de la carretera.

Estábamos a mitad de camino, cuando sentí algo tomando mi cabello, al lado derecho. Yo sonreí, pensando que solo me avisaban que ellos estaban ahí, pero se sentía pesado y urgente. Finalmente, le dije a Chris, "deberías reducir la velocidad un poco a medida que giremos esa curva. No sé porque, pero alguien está jugando con mi cabello." Chris me sonrió burlonamente, pero había aprendido a no ignorar mis comentarios. Quitó el pie del acelerador y dejó que el auto retrocediera un poco, creando una brecha más grande entre nosotros y el auto de enfrente.

A medida que nos acercábamos a la curva, vimos un enorme camión de plataforma plana cargado con maquinaria pesada de planta bajando de la montaña, doblando la curva al otro lado de la carretera y descendiendo hacia nosotros. El auto de adelante estaba en la curva al mismo tiempo, y solo pasaron raspando uno al otro. Otro camión de plataforma plana seguía detrás del primero. Detrás de nosotros venían dos autos más, que parecían estar compitiendo entre ellos, se acercaban rápidamente.

Los dos autos deben haber estado en algún tipo de carrera de resistencia ya que tenían números colgados en sus ventanas traseras.

Vimos cómo estos autos nos saludaban al pasar y como ellos trataban de mantenerse en la ruta a medida que el camión se aproximaba.

Miramos todo a la distancia, como un baile coreografiado. Ellos lograron esquivar la curva, ¡pero estuvieron tan cerca! Nos preguntamos qué hubiese pasado si nosotros no hubiésemos bajado la velocidad, y hubiésemos obligado a los autos detrás de nosotros a hacer lo mismo. ¿Acaso el resultado sería distinto?

Con el tiempo, me di cuenta que los ángeles me habían advertido de toda clase de peligros. Aprendí a escuchar con mi cuerpo y sentir los cambios sutiles de energía en mí. Pero yo sentía que no había progresado lo suficiente. ¿Por qué yo no podía verlos u oírlos? ¿Acaso estaba haciendo algo mal? ¿Mejoraría con práctica?

Traté de ejercitarme y meditar, pero me quedaba dormida. Los podía sentir, y tenía intuición. Yo podía "saber" cosas, a veces podía ver y ocasionalmente podía escuchar cosas, pero tenía poco control sobre estos. Estaba frustrada por no poder lograr más.

Una noche antes de dormir, respiré profundamente y escuché. A medida que la presión se aumentaba en mi cabeza, yo supe que el Arcángel Miguel estaba conmigo. El siempre dejaba que yo lo vea, o vea su representación (sus ojos y pelo me llamaban mucho la atención).

Chris estaba lo profundamente dormido que la suave almohada en la parte posterior de su garganta retumbaba suavemente, así que les pegunte en voz baja, "Ángeles, ¿pueden por favor esforzarse más para comunicarse conmigo? ¿Muéstrenme o díganme algo que pueda escuchar? Estaba frustrada con la idea de que no avanzaba más rápidamente. ¿Por qué no podía crear las condiciones necesarias para que se me fuera posible comunicar con ellos todo el tiempo?

Intuición y señales son valederos, pero yo quería más. La duda me frenaba. Talvez, nunca podría hacer más de lo que estaba haciendo en ese momento.

¿Qué era eso? No era nada cuantificable.

Decidí tratar de respirar y entrar a ese punto en espacio entre la conciencia y momentos antes de dormir, donde el velo se disminuye y escuchar. Inhalé profundamente e hice una pregunta, y a medida que exhalaba, dejé la pregunta ir. Luego, me relajé y esperé escuchar la respuesta.

Cansada de esforzarme, me estaba quedando dormida.

Luego en la misma noche, recuerdo sentir como si hubiese sido despertada en un nivel de conciencia donde sabía que no estaba dormida o despierta. Estaba consciente de la oscuridad y de los latidos de mi corazón, el movimiento de mis pulmones, inhalaciones y exhalaciones, los ruidos de mi estómago y un extraño movimiento sobre mis intestinos, y podía escuchar un tono fuerte sobre mi oreja izquierda. Sentí que había entrado a mi cuerpo por primera vez, y que de repente era consciente de todos sus ruidos. Luego, como si alguien hubiese apago la luz, todo se apagó.

Mi corazón dio un pulso por última vez, luego nada. Me envolvió una profunda oscuridad, todos los sentidos carentes, silencio, excepto mi propia voz dentro de mi cabeza, que decía: "Y esto es lo que es morir".

Algo trascendental estaba a punto de suceder, pero no sentía absolutamente ningún miedo. Entonces, los escuché, como si estuvieran a mi alrededor en mi habitación. Una dulce voz femenina cantaba, "Buenas noches, Alison". "Buenas noches, Alison". "Buenas noches." "Buenas noches."

*   *   *

Cuando estaba embarazada de mi primer hijo, tuve un sueño. En el sueño, estábamos sentados en un restaurante chino, y la mesera nos trajo las galletas de la fortuna- lo cual es extraño porque los restaurantes chinos en el Reino Unido no entregan galletas de la fortuna, y no me había mudado aún a los Estados Unidos.

Mi marido y yo nos turnamos para abrir las galletas y leer la frase escrita en el papel de adentro. Mi frase decía, *Vas a tener un hijo varón que morirá en un accidente de fuego antiaéreo en el año 2011.*

Por veinte y ocho años, viví en las sombras de este sueño premonitorio. Mi padre fue piloto de la Real Fuerza Aérea Británica (RAF) y me estremecí cuando mi hijo se unió a los cadetes del aire y habló de querer seguir los pasos de su abuelo y convertirse en piloto. Pero al mismo tiempo, sabía que no podía, ni debía, intentar alterar su camino. No puedo decir cómo y por qué yo sentía eso. Una parte de mí creía que, si intentaba influir en alguna manera, corría el riesgo de guiarlo directamente al camino de este destino potencial.

En cambio, observé, esperé y me preparé para el día en que lo perdería.

En abril del 2010, en la época en que mi padre estaba falleciendo, estaba viviendo en Bristol con mi hijo, en su apartamento ubicado no muy lejos del hospital. Fue un tiempo especial para nosotros. El patrón de turnos de mi hijo significaba que teníamos tiempo para visitar a mi padre en el hospital. Durante una visita, mi hijo y yo fuimos a la capilla del hospital.

Hablamos de cosas de una manera que nunca antes lo habíamos hecho. Sentí que era el momento de advertirle sobre mi sueño.

Termine diciéndole simplemente, "tú sabes que no puedes viajar durante el 2011. Nunca sabrás si esto tiene o no significado, pero no puedes arriesgar tu vida." El escuchó. Puede ver en su cara que él no pensaba que estaba totalmente loca. Y pensé que había dicho lo suficiente.

A mi padre le sacaron la diálisis y nos dijeron que pasaría entre dos o cinco días. Él vivió por diez días y murió el 4 de abril.

En octubre del 2010, tuve otro sueño. Tres ángeles se anunciaron. Todos se veían iguales, con rasgos fuertes y marcados y tenían pelo opaco de color cobre, que era un poco largo y colgaba en rizos. No tenían alas y estaban envueltos en ropa de estilo griego, con fajas rojas que parecían denotar rango. No recuerdo los nombres de los dos primeros ángeles, el tercero se anunció a sí mismo como Cassiel. Estábamos parados en medio de una multitud que se movía en el aire, donde los ángeles parecían estar ayudando a otros humanos.

Él se acercó y me dijo, "Cuando el primer avión se caiga el 4 de abril (del 2011), tú deberás estar en Europa."

¿Por qué? ¿Porque este sería el día en que mi hijo morirá? No lograba entender el significado de sus palabras. Mi hijo estaba en Inglaterra. *¿Y eso no es Europa? Es el Reino Unido.* Me acerque a Cassiel para pedir más información, pero él estaba ocupado dando mensajes a otros humanos. La escena era caótica, y el ángel solo me miró y dijo: "Tienes todo lo que necesitas".

Un mes después, en noviembre del 2010, mi hijo me llamó para decirme que había conseguido un nuevo trabajo. Él se mudaría a Suiza para trabajar en una línea de aviones de pasajeros en Europa. Su patrón de turno sería trabajar por una semana y una semana de descanso, permitiéndole viajar a el Reino Unido para ver a su novia. Pero ese año, él no debía viajar. Y ahora estaría viajando de ida y vuelta entre Europa e Inglaterra cada otra semana.

Inmediatamente, reserve mi vuelo a Suiza para estar con él en abril. Y de alguna manera, buscaría la forma de estar a salvo, y si el iría a morir, entonces estaríamos juntos.

El 4 de abril, mi hijo tuvo un día libre en el trabajo, ya que la noche anterior se había lesionado cuando un tanque se rompió y lo cubrió con combustible.

Organicé que pasaríamos un día en un maravilloso spa suizo, disfrutando de la piscina, o entre baños de vapor y saunas. Observé atentamente que él no se resbalara al caminar sobre el mosaico, contamos chistes y nos reímos.

Seguí observando las noticias. Hubo varios accidentes aéreos ese día, incluso un avión de las Naciones Unidas que embarcó en Suiza. ¡Pero estábamos todos a salvo!

Al día siguiente, visitamos el pintoresco Montreux y disfrutamos de la cultura de la cafetería y tomamos fotos de la estatua icónica de Freddy Mercury en el paseo marítimo. Comenzamos nuestro viaje de regreso al hotel a última hora de la tarde. Estaba feliz, pero cansada y dormitaba en el asiento de atrás junto a mi esposo, y mi hijo conducía con su novia sentada a su lado.

Después en la noche, mi hijo me pregunta, "¿por qué me dijiste que me sacara los lentes de sol mientras estaba manejando?"

Yo no tenía ni idea a que se refería, y respondí, ¿Qué?

Y él dijo, "Mientras manejaba, yo creí que estabas dormida, pero tú me pediste que me sacara los anteojos de sol."

Y yo respondí, "Yo estaba durmiendo, nunca dije eso."

"Si, si lo dijiste" dijo mi marido Chris. "Te escuche, levantaste tu cabeza y le pediste que se sacara los lentes."

"No recuerdo. ¿Por qué? ¿Qué importa?"

Y mi hijo responde, "Porque en ese momento exacto, me había quedado dormido manejando."

Terminamos nuestras vacaciones juntos y volamos regreso a casa- sin problemas o demoras. Me senté en el sofá y Chris encendió la televisión para ver el partido de futbol. Y lo próximo que recuerdo es estar volando sobre mi cuerpo. Levanté mis manos y las puse sobre mi cara y aun así podía verlos y podía verme mí misma, dormida sobre el sofá. Miré a Chris, y moví mi mano para saludarlo, pero él no se movió. Era consciente de la presencia de alguien junto a mí, y sentí que debía hacer preguntas de lo sucedido.

"¿Cómo es que el 4 de abril pasó, y no tuvimos ningún inconveniente, después de tantos años de preocupación y dolores de cabeza?"

"Porque escuchaste," respondieron. "Hiciste lo que te pedimos que hicieras, y tu presencia en ese momento puso a tu hijo en otra línea de tiempo."

Y ahí estaba. Mi primera clase sobre líneas de tiempo y como nosotros vivimos simultáneamente en múltiples tiempos lineales de probabilidades, las cuales no son fijas. Cambiamos de línea cada vez que hacemos una elección, o tomamos una decisión. Podemos controlar y modificar nuestro futuro, a medida que nos movemos de una línea de tiempo a otra.

Simplemente, encontramos la línea de tiempo con el resultado de probabilidad que preferimos y nos alineamos con este.

Luego, a medida que Marconics empezaba a surgir, entendí el significado de esta lección. No somos víctimas en este lugar; somos los creadores. Manifestamos nuestra realidad momento a momento. Nada de estas profecías catastróficas sobre el futuro de nuestro planeta necesitan convertirse en nuestro destino. Estamos aún a tiempo de cambiar nuestro futuro si elegimos otra línea de tiempo que sea más positiva y esperanzada, donde tomemos mejores decisiones basadas en la conciencia del amor y la compasión, a favor de los individuos y la sociedad colectiva.

¡Ésta es la razón por la cual la orden divina nos ha despertado! Nos hemos quedado dormidos en la rueda.

Necesitamos tener conciencia de la dirección que estamos tomando porque somos los únicos que tenemos el poder para cambiarla. Ésta es una zona libre de albedrío. Sufriremos las consecuencias de nuestras acciones. Nadie viene a salvarnos. Depende de nosotros salvarnos a nosotros mismos y a nuestro planeta.

A medida que continuamos en nuestro camino a la Ascensión, las líneas de tiempo se colapsan, y a medida que las líneas de probabilidad se terminan, la versión de nosotros mismos que existía en ella se fusiona con la parte de nosotros que existe en una línea de tiempo sobreviviente.

El resultado probable del Cambio aún no está establecido, y los seres colectivamente deben seleccionar la línea de tiempo que desean alinearse, ya sea con la energía de la quinta dimensión o el cierre catastrófico de este ciclo de 26,000 años.

Me informé sobre a Cassiel. No existen muchas referencias de su nombre en el Viejo Testamento. Él es descrito como uno de los siete ángeles más cercanos a Dios (Cassiel significa *Velocidad de Dios*), el príncipe gobernante de los siete cielos.

Se describe como la contraparte angelical de Saturno, el ayudante de Gabriel en la batalla, el ángel de la soledad y las lágrimas, el ángel de la templanza y la paciencia, con todas las actitudes zodiacales positivas de Saturno, que él gobierna; él cuida la tumba de los reyes y lleva sus almas al cielo. *Él es el ángel principal de la muerte.*

Yo demostré tener fe y actuar basado en la información proveniente de los reinos angelicales. Luego, vendría a descubrir que este fue dónde el juego cambio para mí.

Capítulo 2

Campo de Entrenamiento Espiritual

"Te tomé como una nube vagabunda y te traje a la mía."
-Recibido por Alison David Bird en sus sueños

Mi primer cliente de Reiki fue una mujer de aproximadamente mi edad, quien había sido mi amiga y probablemente solo venía a mí para apoyar mi negocio. A medida que sostenía su cabeza en mis manos, trate de no respirar sobre ella y gire mi cabeza para mirar hacia afuera de la ventana. Unos minutos después, sentí que ella se sentó. Giré nuevamente mi cabeza para mirarla y preguntarle cual era el problema, pero básicamente ella no se había movido y seguía aun recostada sobre la cama. Supe que eso era algo extraño, pero seguí con la sesión, y cuando terminamos le pregunté si ella estaba bien. Ella no respondió al principio, como si estuviera pensando si decir algo. Luego ella dijo, "Vi una luz blanca al final de un túnel largo, y viajé por él. Mi madre estaba allí, y también mi marido fallecido. Mi madre me dijo, 'Estás trabajando duramente. Nada en esta vida tiene significado.' Luego, ella me abrazó, pero no fue un abrazo normal, pero como si estaba siendo envuelta por la luz blanca."

Mi segundo cliente fue una mujer quien estaba negando recibir más tratamientos de cáncer a pesar que los doctores le habían advertido que no habían logrado sacar todo el tumor en la operación.

Ella quería probar algo más holístico.

Tan pronto como coloqué mis manos sobre ella, sentí inmediatamente la energía extraña, como lodo, alrededor de la cirugía y me enfoqué en este punto hasta que la sentí extendiéndose bajo mis manos y recorrer mis antebrazos. Paré cuando la energía positiva parecía fluir alrededor del sitio de la herida con más facilidad.

Cuando ella regresó la semana entrante, ella trajo consigo una remera blanca con la que había dormido la noche que tuvo su primera sesión. Había una mancha negra y redonda en el pecho izquierdo. Parecía que, por lo menos, el tratamiento había agotado el efecto tóxico de la quimio.

Empecé a notar que cuando curaba, yo podía ver un aura alrededor de mis dedos que se extendía más allá de su longitud. Cuando cerraba mis ojos, todavía podía ver mis manos, pero en un espacio negativo y por tiempos prolongados.

En poco tiempo, había experimentado varias curaciones bastante notables. Pero estas parecían ser al azar. Yo no sabía por qué éstas habían pasado o cómo repetirlas.

A veces éstas parecían hacerse a nivel celular o molecular. Había leído sobre el efecto arrastre; cuando algo de una cierta vibración es puesto al lado de algo cuya vibración es menor, el objeto de vibración menor aumentara su vibración para alcanzar aquel de mayor vibración.

¿Estaba elevando la vibración del cliente por arrastre, lo suficientemente como para provocar al cuerpo su propia curación?

La evidencia de mis experiencias mostraba que algo aún más misterioso estaba sucediendo.

Los clientes estaban reportando ver túneles de luz blanca y ser visitados por sus seres queridos del más allá. Y en algunos casos incluso, ¡ver a Dios! Volvían con mensajes de sus seres queridos que habían cruzado hace mucho tiempo atrás.

Mi maestra de Reiki me había dado un libro escrito por Bárbara Brennan llamado *Manos Que Curan* cuando se dio cuenta que estaba haciendo algo más que Reiki, como había sido definido por Usui.

Nunca fui una persona de leer mucho. Aun cuando mi madre intentó inculcarme este hábito, nunca funcionó. El libro correcto simplemente estaría sobre mi falda o saltaría del estante a medida que yo pasaba. Y siempre parecía haber sido de esta manera. Estaría contando algo excitante de lo descubierto y alguien me decía, "¿Haz leído el libro…?" Para mí esto era la mejor confirmación que podía recibir. Mirando a mi pasado, me doy cuento que todas esas personas, cuyos nombres no recuerdo, fueron mis maestros.

En esta instancia, en *Manos Que Curan*, leí que cuando los clientes aparecen estar totalmente dormidos, están probablemente viajando en el plano astral y que durante la curación del modelo de Ketheric (la séptima capa del campo áurico), un cliente sería "removido" de su cuerpo debido a que el trabajo posterior realizado por guías espirituales sería demasiado doloroso. Esto es una forma de anestesia espiritual.

No mucho tiempo después, tuve otro caso que realmente me convenció; había algo más que no era simplemente energético.

Era maravilloso trabajar con una de mis primeras clientes. Ella era muy sensible, consciente de su propia energía y en sintonía con su cuerpo y cómo la energía se sentía en su cuerpo.

Después de un accidente grave, había pasado meses en coma y todavía tenía muchos problemas musculares y esqueléticos; pero ella estaba determinada a regresar a un punto excelente de sanación.

Yo estaba feliz de tener una cliente que estaba tan dispuesta a contribuir en su propia sanación.

Algunos clientes solían relajarse en un sueño profundo durante la mayoría de la sesión y no recordaban mucho de sus experiencias, haciendo difícil la recopilación de información. Esta mujer era muy responsable, y yo sabía que en algún tiempo futuro cercano lograríamos hablar de nuestras experiencias mutuas.

Durante una sesión, estaba tratando de aliviar el dolor crónico en su cuello. Ella estaba acostada boca abajo y relajada como siempre. Yo sentía confianza doble y pensé que podía facilitar dos cosas a la vez, poniendo un cristal amatista sobre la parte inferior de su espalda para eliminar el molestar mientras mis manos sostenían su cabeza.

Unos minutos después, las dos estábamos en profunda agonía. Ella estaba experimentando un dolor abrasador en su espalda, el cual yo también sentía en mi cuerpo.

Saltando como un gato sobre las brasas calientes, tratando de no romper el contacto energético con mi cliente, saqué el cristal de su cuerpo y lo puse en el suelo, y en momentos, las dos sentimos alivio.

Continuamos con la sesión, y después que ella se fue, busque el libro y encontré referencia en sus capítulos sobre cristales, que decía que nadie debería usar cristales durante las sanaciones de Ketheric, ya que esos mantienen al cliente en el cuerpo físico, provocándole un dolor extremo. Me sentí culpable de haber provocado ese dolor al cliente, pero iba en el camino correcto y de alguna manera estaba facilitando curaciones a un nivel más profundo.

En otra ocasión, con la misma cliente, yo estaba usando cristales para aumentar la vibración del cliente durante una sesión de Reiki con el deseo de mejorar sus propias habilidades curativas a través de arrastre.

Puse un cristal de cuarzo rosa grande en su mano izquierda, el cual vibra a una frecuencia que puede proteger el corazón, y un cristal de cuarzo claro en su mano derecha, para dispersar energías negativas a medida que dejan el cuerpo durante la curación. El circuito estaba completo, y anclando al cliente con un cristal amatista, con iones depositados en su segunda chacra (justo debajo del ombligo) y un pequeño cuarzo rosa en su espalda. Un sistema que aprendí de mis guías.

Comencé por tocar su aura en sus pies, creando un efecto tipo puente entre los chacras. Me paré a su lado derecho y puse mi mano derecha sobre la planta de su pie izquierdo, y mi mano izquierda sobre su tobillo hasta que el flujo de energía fue fuerte y equilibrado. Mis manos se movían por su cuerpo, nunca rompiendo contacto energético.

Sentí como "me encendieron" y empecé a transpirar por el calor. Me concentré en mi respiración, que para empezar era áspera y luego mínima. Cuando mi mano derecha estaba sobre su rodilla derecha, y mi mano izquierda sobre su cadera derecha, empecé a sentir la sensación de "diez maquinas" sobre mis hombros y cuello, y supe que mis guías estaban ahí.

Puse ambas manos sobre su cadera derecha y sentí como una ola de energía fuerte bajaba desde mi brazo derecho, hacia mi mano derecha, hasta la cadera del cliente. Observe incrédulamente como mis dedos se expandían en un espacio negativo y parecían alcanzar su cuerpo.

Sentí la urgencia de mover mi mano izquierda sobre su hombro. Ambas manos empezaron a sentir los efectos de la toxicidad. Sentí como si los lodos retrocedieran por mis brazos hasta mis codos. Visualicé una luz azul saliendo de mi mano izquierda y una luz roja saliendo de mi mano derecha. Tiré de la energía de su hombro izquierdo y la removí, manteniéndola en las palmas de mis manos para que mis guías la removieran (y así no quedaría en mi oficina).

Estaba preocupada, ya que el libro de Bárbara decía que uno no debía mover sus manos durante una sanación Ketheric, ya que uno podía causar una ruptura en el campo energético del cliente y del curandero. Yo no sabía exactamente qué estaba pasando allí, pero estaba segura de que alguna ley había que aplicar. Tenía miedo de no ser lo suficientemente sensible para saber cuándo mis guías habían terminado.

Moví mi mano izquierda sobre su otra cadera y la sostuve mientras su pelvis saltaba y se contraía. Ella estaba en otro estado de conciencia, durmiendo y roncando.

Después de un tiempo, empecé a sentir una sensación en mi mano como si la energía retrocedía; parecía tirar ligeramente de las articulaciones por encima de mis uñas. Me concentré y sentí que tiraba hacia mis nudillos. Entonces mi mano se deslizó fuera de su cuerpo, y la energía se liberó.

Le dije que tendría que cuidarse en los próximos siguientes días, pues había tenido un procedimiento invasivo. No sabía cómo describir lo sucedido.

En la sesión siguiente, ella me dijo que después de unos días se había olvidado de mis comentarios y salió a caminar.

"De repente tuve un dolor inmenso y ahí recordé tus comentarios. Regresé a casa y descansé por el resto de la semana."

Como alguien que podía ver auras y escanear cuerpos, Bárbara Brennan describe en su libro que podía ver como procedimientos quirúrgicos tomaban lugar. Los procedimientos quirúrgicos fueron atestiguados por amigos de ella, fuertes clarividentes que estuvieron presentes en varias de sus curaciones.

Bárbara afirma que los testigos podían ver tubos y agujas y jeringas que eran pasadas mediante sus brazos al cuerpo del cliente. Se observaba como un procedimiento quirúrgico típico, como el que experimentaríamos en cualquiera de nuestros hospitales.

Aparentemente, yo había facilitado una cirugía psíquica. Comprendí que lo que tuvo lugar no dependió de mí, y yo era simplemente el conducto. Si pensaba o intentaba poner en claro lo que se necesitaba en cada situación, simplemente estorbaría el procedimiento.

Esto marcó el principio de mi campo de entrenamiento espiritual.

Cada día y noche, era guiada a leer sobre la sabiduría antigua y esotérica. O algo se me enseñaría mientras dormía. A menudo, ellos me dejaban tener una experiencia durante mi practica de sanación y después me daban un libro o documento que confirmaba lo que había sucedido.

Ellos sabían que la reportera dentro de mi necesitaba tres clases de información antes de que pueda aceptar ese nuevo concepto. Una vez que las tenía, nadie podía convencerme de otra verdad.

Capítulo 3

Inmortal

"Asciende de la Tierra al cielo, una vez más desciende a la Tierra y recibe el poder de las cosas de arriba y abajo." - Thoth, El Atlante

D escubrí que sanaciones solo pueden ocurrir cuando la gente así lo permite.

Algunos solo pueden alcanzar un cierto nivel de recuperación de acuerdo a lo que ellos consideren ser posible en sus subconscientes- *los guiones de sus vidas*, la suma completa de sus experiencias.

Sus creencias no pueden ser alteradas con terapia cognitiva, si sus subconscientes no pueden ser persuadidos a dejar ir aquellas creencias percibidas como verdaderas.

Puedes decirle a la gente respetivamente que son hermosos, seres humanos valederos, pero si ellos han sido abusados al comienzo de sus vidas, probablemente ellos lleven en su mente subconsciente una opinión diferente. El ser subconsciente trabaja con los principios del placer y del dolor. Aquello que es conocido representa placer. Nueva información equivale dolor, por lo tanto, la mente subconsciente tiende a rechazar nueva información.

Para poder lograr que la gente se libere de esas creencias viejas, uno debe primero crear un estado híper-sugestivo, y cuando la mente subconsciente se abre, las creencias viejas y limitadas pueden ser removidas y reemplazadas con afirmaciones puestas en su lugar.

Por eso estudié hipnosis, y me especialicé en vidas pasadas e hipnosis de vida-entre-vida. Mediante las experiencias de mis clientes, obtuve información única y una visión completa de cómo funcionaban las cosas en el mundo de los espíritus.

Elegimos encarnar en lo físico para reunir experiencias que contribuyan a nuestro crecimiento espiritual. Nada es por coincidencia, y todo tiene un propósito. Nuestras almas viajan en unidad, y nos ofrecemos como voluntarios para tomar distintos papeles mientras estamos en el plano material (amante, hermano, victima, perpetrador…). Entender esto puede ayudarnos a entender y aceptar eventos de nuestras vidas. Puede ayudarnos a perdonar a otros y comprender que todo es realmente hecho con amor, y no somos nunca realmente víctimas.

Antes de nacer, debatimos con nuestros guías las experiencias que deseamos tener en esta encarnación. Elegimos nuestros padres y el paisaje sociopolítico y geográfico donde naceremos, los cuales preverán de las circunstancias y oportunidades necesarias para vivir esas experiencias.

Elegimos los miembros de nuestros grupos de almas, las cuales han viajado durante muchas vidas pasadas con nosotros, para ayudarnos a cocrear los escenarios necesarios para equilibrar nuestro karma.

Éstos son las herramientas que traemos. El resto es concretado por nosotros, de acuerdo a nuestro libre albedrío y las opciones que elegimos a lo largo de nuestro camino.

Hacemos contratos con otros seres de nuestra misma alma familiar. Por ejemplo, si un hombre es responsable por la muerte de un ser por un acto deliberado en una reencarnación anterior, entonces para equilibrar ese karma, él hizo un contrato con la otra persona para que, en esta vida, él o ella quite su vida. O talvez, decidió que sería mejor morir en un accidente de tren a los treinta y seis años de edad, equilibrando así el hecho de haber sido responsable por la pérdida de una vida y al mismo tiempo cumplir con una experiencia obligatoria, la de una muerte masiva.

Pero un contrato no está escrito en piedra. No es obligado por el derecho comercial. Puede ser renegociado e incluso reescrito, ya sea por el alma o incluso por sus guías (los señores del karma que consideran que el equilibrio se ha logrado de otra manera).

Por un acto no planeado, espontáneo, e incluso no característico, cuando el hombre tenía treinta y seis años de edad, ve a alguien caer en un estanque de agua helada y decide arriesgar su vida con el fin de salvar a otra persona, su deuda puede haberse pagado. "No hay amor más grande" como ellos dicen. Y ahora no es necesario que su vida termine por causa de un accidente.

En vez, los señores del karma ajustaran el balance, y el hombre llega tarde a tomar el tren.

Si era necesario que él experimentara una muerte en tren, él no hubiese perdido su tren. Pero pudo haber hecho un contrato con otra alma para que ésta tome su cuerpo y salud. El cuerpo entonces sobrevira el accidente, y el encuentro cercano a la muerte es suficiente para explicar cualquier cambio sutil en la personalidad, la memoria o el comportamiento del hombre después de su recuperación. El alma que toma el cuerpo es llamada *caminante.* Esto es más común de lo que uno supone. Talvez una persona no necesita estar en la superficie de la tierra toda su vida para vivir las experiencias que él necesitaba, y no desea quedarse hasta que el cuerpo se deteriore. Talvez, otra alma no necesita tener la experiencia del nacimiento o de la niñez y es feliz de tomar el cuerpo cuando este es maduro, para así continuar teniendo las experiencias que éste necesita.

Tú puedes escuchar a los familiares decir cosas como, "Bob no ha sido el mismo desde el accidente de auto." O, "extraño al Pedro anterior, antes de su lesión craneal."

El cuerpo físico está construido con todo lo necesario, incluyo el cerebro izquierdo, que guarda las memorias e información suficiente para que el caminante pueda adaptarse a su llegada. Por lo tanto, las diferencias de personalidad pueden variar desde muy sutiles a obvias, porque, por supuesto, la nueva alma también traerá consigo todas las experiencias acumuladas de otras vidas pasadas.

Tú puedes haber escuchado a un miembro de la familia decir cosas como, "Él simplemente ya no está interesado." O, como el caso que yo viví cuando trabajaba en un hospital del Reino Unido, "¡Esto no tiene ningún sentido! Ella odiaba el fútbol y ahora está completamente obsesionada con eso."

La ciencia médica obviamente encontrará otras razones a estos cambios; la lesión cerebral significo que él ya no disfrute de tocar el piano. Ella ama el fútbol porque ahora disfruta de una nueva oportunidad en su vida. Solo los miembros familiares más cercanos podrán descifrar cual es la verdad. Definitivamente, no somos solo cerebros. Y algunos seres de la profesión médica, incluyendo cirujanos cerebrales, están listos para admitirlo.

Y en verdad, no importa. Como espíritu, estamos todos conectados, y este cambio no se producirá sin la aceptación de almas afectadas en primer lugar. De modo que, en general, el caminante es otro miembro igualmente importante del alma grupal, a quien has amado y que te ha amado en Espíritu por iones.

Hay otra posibilidad. Una persona puede tomar el karma de otra con el fin de incrementar su escala evolucionaria.

Uno de mis clientes estaba manejando hacia su casa en la noche, en una zona remota y en las afueras de la cuidad, cuando ella tuvo un accidente terrible. Su vida fue salvada por un transeúnte, un hombre que salió en el medio de la noche y que era medico técnico de emergencias (MTE). El inmediatamente trató sus heridas y salvó su vida. Pero, un año exacto después, el murió en un accidente extraño.

A medida que mi cliente contaba su historia, mis guías me decían, "Él tomó el karma de ella." Él convenio tomar su lugar. Él había completado sus experiencias necesarias en esta reencarnación y quiso seguir con el juego. Su sacrificio permitió que ella pueda vivir, con su karma restaurado.

Otro cliente me contó que una vez que su marido había adquirido sus sueños y ambiciones- éxito en los negocios, el amor, y la vida, y recién habían comprado la casa de sus sueños- el murió.

Su pregunta era, "¿Por qué, cuando todo estaba tan bien, cuando todo era exacto como él lo quería, él tuvo que morir?"

La respuesta parecía casi obvia para mí. Este era un hombre que tomaba placer en sus logros. Y todo estaba hecho. ¿Quería seguir adelante y con el juego? Obviamente, su esposa había contratado para experimentar una vida como viuda y madre soltera. Tal vez ella estaba equilibrando ser causa de la pérdida de alguien en una vida anterior. Ciertamente no fue un accidente. No sucede nada que no se haya permitido que ocurra, incluso si no tenemos conocimiento del motivo.

Dios no es responsable por las opciones que tomamos en nuestras vidas. Nosotros somos los responsables. Y tenemos el poder dentro de nosotros para cambiar todo, incluso nuestra propia historia.

Capítulo 4

Entrevista con Pleyadianos

"El Cielo está disponible ahora en la Tierra para aquellos que puedan verlo un vistazo a la vez. Para aquellos que viven en la quinta dimensión, habrá recuerdos de la vieja forma de sentir en la tercera dimensión. Como el mundo natural, habrá paraíso y salvajismo, ambos en el paisaje."
~ Los Pleyadianos 2012, vía Alison David Bird

Para el 2012, había desarrollado mi práctica para que fuera más basada en hipnosis que en energía curativa.

Varios amigos afines debatían sobre el acercamiento de la fecha del 21 de diciembre en el calendario Maya y sus profecías. Podíamos sentir el incremento de la energía y ver la tensión que se desarrollaba en el mundo. Era difícil ignorar las implicaciones del cambio, y estábamos ansiosos por descubrir nuestros papeles en el nuevo paradigma. Pero el tiempo parecía estrecharse, y la mayoría estaba experimentando un estado de confusión alto. Sentimos como si estuviéramos esperando por algo que estaba llevando su tiempo para presentarse. Estábamos estancados y en muchos casos no podíamos seguir adelante. El Espíritu seguía diciendo, "Disfruta de este tiempo. Mirarás hacia atrás con cariño."

Los clientes se sentían atascados en sus propias vidas, como que algo necesitaba cambiar, pero no sabían que era. Yo pasaba la mayor parte de mi sesión, la cual había empezado a tomar la forma de asesoramiento metafísico, explicando que, dentro de las circunstancias, estos sentimientos eran normales. Este fue un período de deconstrucción. Tienes que romper un huevo para hacer una tortilla, ¿verdad? La devastación resultante puede ser vista como una escena en caos. En efecto, lo que tienes es en una zona de construcción en preparación para el nuevo edificio de la nueva era.

Mis guías me habían dicho que una terapia enfocada en un cliente a la vez sería demasiada lenta, y que debía enfocarme en grupos más grandes. Por lo tanto, ese verano, empecé a enseñar clases sobre alquimia y metafísica.

Cuando me iba a dormir, la noche de mi primera clase, me mostraron cinco figuras geométricas iguales, uniéndose para formar una estrella de cinco puntas esculpida en una piedra con relieve. Observé como las piezas se fundían con un rayo de luz violeta. Sabía que me había graduado de alguna manera, que todas las partes de mi educación estaban uniéndose para formar un entero y que estaba lista para seguir adelante. Me dijeron que la estrella representaba el hombre divino y la humanidad en su totalidad y el trabajo que yo había hecho durante los años. "Tu destino es convertirte en portero," me dijeron.

Me desperté en la mañana escuchando, "Tú, el portero, eres una extensión de mi gracia."

Lo que sucedió en los días consecutivos cambio todo.

Una mujer joven, que venía a mis clases, me preguntó si podía hacer una cita de hipnosis, ya que ella estaba experimentando estrés basado en sus relaciones.

Cuando comencé la hipnosis durante nuestra primera sesión, ella entró de inmediato en un estado de trance y fue directamente a una vida pasada. Este no había sido nuestro objetivo. Existe un protocolo específico para llevar a alguien a una vida pasada, y no lo habíamos seguido. La grabé mientras describía su vida en una pequeña cabaña que era en parte subterránea y cubierta de césped y musgo, escondida en el bosque. Era una especie de herborista y partera para el pueblo local, aunque la habían acusado de bruja. Un día, mientras buscaba comida, se cayó y se perforó el estómago con un palo y se desangró hasta morir en el suelo del bosque.

Como es habitual en un protocolo de vidas pasadas, la seguí mientras se levantaba de su cuerpo y le pedía que describiera su experiencia. Por lo general, en sesiones de vidas pasadas, el cliente es recibido por un ser querido fallecido antes de ser guiado por un guía hacia el reino Espiritual.

Pero en esta ocasión, el cliente retorno a su nave.

La semana siguiente, se acercó a mí después de la clase con un cuaderno y me dijo que había sido visitada por seres que intentaban pasar mensajes, desde que ella había sido hipnotizada. Me dijo que le habían pedido que escribiera los mensajes en un cuaderno. Ella les hacía preguntas y le respondían moviendo su mano en forma de escritura automática.

Ella no sabía qué hacer. Ella no podía hablar de esto con su familia, pero quería investigar el tema un poquito más. Entonces, le sugerí que viniera a mi oficina, un lugar seguro, donde ella pudiera hacer sus preguntas.

Hicimos esto por varias sesiones.

Se acostaba sobre la mesa de masaje con un cuaderno en el pecho y un bolígrafo en la mano. Cerraba sus ojos y entraba rápidamente en trance. Cuando estaba lista, tocaba su pluma con el papel. Yo hacía preguntas en su nombre, y en silencio, ella anotaba las respuestas. Nunca miró el cuaderno, pero logró mantener un estilo de escritura ordenado y definido, sin salir de la página y siempre sabiendo cuándo dar vuelta la hoja. Cuando ella terminó, leíamos los mensajes juntas.

Después de unas semanas, ella dijo que había pedido todo lo que necesitaba y no podía preguntar nada más. Así que, yo le pregunté a ella si yo podría entrevistar a sus guías.

La próxima vez que nos encontramos, ella me dijo que le habían dicho: "Sí, Alison sabrá qué preguntas hacer".

Así que comenzamos reuniones quincenales en mi oficina donde grabamos una serie de entrevistas con una raza avanzada de seres sobre el nuevo paradigma. Dijeron que querían hablar sobre el próximo Cambio. Los Trabajadores de la Luz estaban mal preparados y estábamos peligrosamente cerca de fallar. Aquellos Trabajadores de la Luz que se habían encarnado en la Tierra durante este período no habían entrado en su poder.

"La zona de libre albedrío estaba terminando.

"El libre albedrío, como concepto, se ha malinterpretado enormemente en este planeta. La zona de libre albedrío fue puesta en marcha por seres

benevolentes y amorosos, para su protección aquí en el planeta Tierra, cuando comenzó este proyecto.

"Fue esencialmente decretado que la Tierra tendría que ser protegida de los intereses de los extraterrestres con agendas adversas.

"La zona de libre albedrío significaba que la Tierra no podría ser contactada sin el permiso de estos guardianes galácticos, y no habría intervención en los asuntos terrenales. La Tierra sería meramente observada. Libre de crecer y evolucionar de la manera que elija, con la esperanza de que las lecciones aprendidas puedan compartirse a nivel colectivo, con planetas y mundos.

"Esta cuarentena también ha sido como la protección de un huevo en una incubadora. Queríamos asegurarnos de que la luz estuviera protegida.

"Se esperaba que se creara un crecimiento más espontáneo de energía positiva. Ahora, mientras revisamos esto, vemos una gran cantidad de amor en la Tierra, pero principalmente residiendo en los corazones de individuos y no floreciendo en estructuras de política o comunidades en general.

"A medida que el ciclo se completa y nos preparamos para la siguiente fase de la evolución humana y el planeta se prepara para salir a la luz, es necesario relajar la cuarentena.

"Cuando se reestructure el libre albedrío, facilitará la vinculación de los individuos con mayor amor y poder y facilitará su conexión y creatividad.

"También limitará algunos aspectos de las restricciones impuestas a la persona que deseamos ver creando la infraestructura de la nueva Tierra (los Índigos, los arquitectos).

"Todavía habrá libre albedrío, pero no habrá tantas limitaciones para quienes sean elegidos para ser constructores de los nuevos sistemas y estructuras de gobierno.

"A medida que se relajen las limitaciones de la zona de libre albedrío, se presentarán benévolos seres galácticos y celestes para ayudar a los humanos en el proceso de la Ascensión. Pero el planeta será más vulnerable a las fuerzas de oposición, que tienen diferentes agendas.

"Además, a medida que más y más seres se involucren en este proyecto desde el exterior, será difícil mantener la ilusión de tu realidad 3D. Habrá grietas en la hasta ahora perfecta realidad, y esto se permitirá. No tenemos tiempo para hacer que las cosas se vean normales.

"Muchos de nosotros no estamos tan preocupados por estas disparidades como se preocupan los humanos. No fue la intención que tantos Trabajadores *de la Luz estuvieran luchando en este momento, por lo que sostendremos y ayudaremos a aquellos que lo necesiten.*

"Espera que aparezcan más signos y objetos aparentemente inesperados a medida que colocamos los recursos para poder ayudarlos en la preparación.

"También notará el cambio hacia adelante y hacia atrás en las líneas de tiempo y las experiencias de otras realidades.

"Por favor, no se alarmen por estas anomalías. Mírenla sin miedo, como anomalías útiles y constructivas."

Ellos explicaron que la separación con la Fuente de energía ha sido experimentada por muchos, resultando en una esclavitud de cierta clase, mucho más profunda de lo que ellos imaginaban.

Nos contaron sobre existencias de múltiples líneas de tiempos probables y sobre las diferentes agendas para el control del planeta, y sobre la posible destrucción de nuestro planeta frente al cambio continuo hacia dimensiones más altas con compasión colectiva, integridad humana y cocreación. Hablaron de las aguas de la Tierra, Marte, las relaciones, las nuevas tecnologías y las modalidades de curación, y la separación cuántica de las realidades paralelas.

Cada entrevista parecía tener una personalidad diferente, lo que se podía ver en la expresión y la redacción del mensaje, como si diferentes seres estuvieran de servicio en diferentes días. En un día, el ser parecía reticente y cauteloso; mientras que, en otro, el ser nos quería decir todo.

Les pregunté si debía escribir un libro, pero me dijeron: "No, no hay tiempo". Debería escribir en un blog.

Pero les dije, que, como reportera, tenía que atribuir la información a alguien. No podía publicar nada hasta que me dijeran quiénes eran. Hubo una pausa, y los imagino buscando como responder a mi pregunta en el manual titulado "Humanos 101". Deben haber recurrido a la sección "Lo que los humanos pueden aceptar y lo que les hará salir huyendo desde sus habitaciones".

Después de varios minutos, regresaron y dijeron, "Somos la Segunda Torre de la Nave Pleyadiana, una de las tres naves que ha estado aquí por dos mil años.

Aquí incluyo alguno de los ejemplos de los mensajes que recibimos durante ese tiempo. No he cambiado las palabras de ninguna manera, para no afectar la frecuencia de las palabras que ellos decidieron usar;

puede sonar un poco raro en algunos lugares. Ellos tenían conflictos con el lenguaje, daban tres palabras similares y en sucesión, como si dentro de estas tres palabras existiera el verdadero significado de lo que querían expresar.

P: ¿Por qué están aquí?

R: Estamos aquí para comunicarnos con aquellos que deseen hacerlo. Estamos a la espera de los cambios dramáticos en la Tierra- no sabemos si será necesario, pero estamos disponibles.

P: ¿Están planeando la divulgación o el aterrizaje?

R: Esto es una posibilidad futura para ustedes, y debería ser dirigido. Aumentar el interés de la populación sería lo mejor por ahora. Tenemos maneras de controlar la mente de los seres del planeta. Si los gobiernos y gobernantes del planeta dicen no, pero las mayorías de los corazones están en acuerdo, entonces podremos revelarnos. Debe haber una mejoría en aquellos de mente abierta. Esto realmente dependerá de los sentimientos de la gente de la Tierra. Nosotros requerimos más inteligencia intencional.

P: ¿Hay otros que tienen planes de aterrizar aquí pronto?

R: No sabemos. Pero podemos decir que el experimento/zona/ecosistema será protegida de la malevolencia y/o la toma de recursos fuera del planeta, con la mejor habilidad de las razas involucradas.

La atención de la gente en la Tierra es nuestra prioridad ahora. De una manera, es muy importante estar enfocado, pero no en la forma de analizar todo hasta un punto preciso. Lo más importante es examinar el estado mental de la gente y asegurarnos de que esté lo más abierto posible a las posibilidades. Ese es el enfoque que recomendamos.

Manteniendo la mente abierta a las cosas más allá de la posibilidad presente, examinando con la mente abierta, centrada y limpiando programas mentales antiguos, obstruidos o inefectivos... Estas son las maneras de desarrollar los cambios increíbles /nuevos/sorprendentes.

Por lo tanto, aquellos que no se cierran en sus expectativas con respecto a ciertos eventos, y por lo contrario usan una mente abierta y cálida, recibirán el mejor dibujo del cambio, y de la nueva dimensionalidad.

P: A medida que nos acercamos al pico del Cambio, ¿cuándo será posible para ustedes ver correctamente como pasará?

R: Hay una contradicción porque no es posible ver todavía el proceso de transición del planeta en sí. Algunas circunstancias han sido computadas, por supuesto. Si fuese a ser más violento a nivel planetario de lo esperado, todas las naves estarán listas para asistir. ¿O podrá el Cambio hacerse en forma incremental? No hay fuerza de voluntad del planeta mismo, ya que el camino a seguir no ha sido todavía creado.

P: ¿Estamos creando este camino con nuestras decisiones colectivas?

R: El balance aparenta estar delicado. Habrá consenso.

P: ¿Habrá consenso entre quién?

R: Habrá un consenso, y éste es un asunto entre la Tierra y sus habitantes. Ésta no será una decisión consiente; la decisión es del planeta. Ella la hará desde su vientre. Ella sentirá el sentimiento de su gente. El tiempo se acorta para que la gente pueda saber y entender, pero ella todavía puede tener una idea de su gente, un sentimiento por su disposición para un amor mayor y comunión.

P: ¿Entonces, ¿qué pasará con aquellos Trabajadores de la Luz quienes ya sienten un amor mayor y comunión? Si el resto de la población no está lista, ¿qué pasará con ellos?

R: Ellos estarán especialmente disfrutando y presenciando el proceso, al igual que el resto de las otras especies en el universo quienes están consciente de esta agenda. Dependerá de ellos decidir si quieren irse o quedarse y trabajar en el terreno. Para aquellos Trabajadores, un gran amor maternal es requerido incluso del hombre porque los humanos tendrán miedo de los cambios que ellos ven alrededor de ellos y formarán grupos aparentes como animales asustados. Estos Trabajadores de la Luz querrán quedarse y trabajar y se encontraran ocupados ayudando a gente como si fueran huérfanos. Se juntarán alrededor de ellos, y los Trabajadores de la Luz serán más altos sobre la multitud, y otros vendrán a ellos por sus guías.

P: Déjame dejar esto en claro. ¿Si no hay suficiente gente en el planeta que elija la Ascensión, los Trabajadores de la Luz quedarán y vivirán las experiencias de la realidad tridimensional? O, ¿tendrán la opción de irse?

R: Opción

P: ¿Opción?

R: Pero algunos, quienes están listos y preparados para irse, pueden encontrar sus cabezas llenas de un amor nutrido y no querrán irse, incluso si ellos habían presumido estar listo para irse. Sentirán como si estuvieran dejando cachorros tirados en una caja en el medio de la carretera (autopista), y no querrán hacerlo. Como veras, aun cuando eligieron irse, algunos que han observado esta clase de amor por vida humana, decidirán quedarse. Los indefensos y débiles a menudo inspiran fuerza y sacrificio.

P: Si fuéramos a viajar en el espacio a nuevos planetas, ¿qué clase de tecnología requeriría esto?

R: La probabilidad es una pregunta nula. Ha habido mensajes referentes enviados a la Tierra; se ha descubierto bacteria de vida; se ha hecho contacto, sin embargo, continúan mandando científicos y descartan la información recogida.

El desarrollo de naves es innecesario si el punto de interés está en una mayor comunicación. Hay suficientes ET con barcos que estarían interesados en el contacto recíproco y que podrían ayudar con los viajes.

(Nos hablaron de planes para la nueva Tierra, un mundo próspero de paz y libertad más allá de las rígidas limitaciones de este constructo tridimensional, donde una reclasificación del planeta y la reestructuración de la zona de libre albedrío permitirán grandes avances pedagógicos y crecimiento espiritual en la muy profetizada edad de oro.)

Las máquinas funcionarán utilizando nuevos sistemas y una nueva fuente de energía. Los mecanismos tanto de las formas de vida como de las máquinas cambiarán drásticamente y compartirán la misma fuente de energía, ya que los nuevos fotones llegarán a la Tierra sin problemas y en abundancia.

Varios miles de naves espaciales de diversos orígenes colaborarán en una nueva fuente de energía. Los barcos serán una fuente de energía. El cambio será como cambiar una casa que funciona a gas a una con electricidad.

Muchas cosas comenzarán a funcionar de manera diferente, y ya han comenzado a cambiar el grado de la función, por lo que algunas modalidades, tecnologías y prácticas de curación serán cada vez más efectivas, y otras dejarán de funcionar por completo.

(Las canalizaciones revelaron la verdad sobre nuestros orígenes y el verdadero propósito de este planeta y los planes asombrosos para un salto en la evolución humana. Pero más alarmante es el nivel de preocupación entre nuestros hermanos y hermanas galácticos. Están preocupados por el estado de preparación, o falta de ello, entre sus Trabajadores de la Luz, Semillas Estelares y Mostradores del Camino, quienes se encarnaron aquí para ayudar en el proceso. En lugar de despertar su poder en este momento crucial como líderes, permanecen dispersos, temerosos y desprevenidos. Pero el cambio se producirá de una manera u otra.)

Hay una Tierra nueva y hermosa esperando por todos ustedes, y ¿cuál es la diferencia si son testigos de que esto ocurra por la magia de la transformación cataclísmica o por la magia de las manos humanas y la imaginación?

Sí, un mundo grande, grande y fantástico viene y los espera, y puede que no aparezca en las noticias de ese día- no esperamos que lo sea- e incluso si realmente estuviera sucediendo de manera dramática, con volcanes y marejadas, esperamos que sus noticieros solo informen lo que podrían ver con implicaciones económicas o de manipulación. Pero este cambio se sentirá especialmente fuerte en aquellos que se han preparado, y una nueva forma de vida está ahí para todos los que lo deseen. La fecha es solo un punto en el tiempo, pero los cambios ocurrirán en ambos lados, así que, con todo tu corazón y el corazón de tus amigos, imagina que el cambio sea maravilloso.

P: ¿Cómo podemos estar preparados para esto?

R: El proceso de reducción que está ocurriendo ahora puede producir un caos aparentemente inútil como en un país en caída o un largo final de matrimonio. Esto puede ser parte del proceso de limpieza de un ser. Cada vez que permanezcas en una situación que no sea de su vibración, o permanezcas en una relación con alguien que no sea tu verdadero amor, esto no es una creencia en las posibilidades de una realidad mejor y prohíbe su manifestación.

Despeja la mesa y deja espacio para lo que quieres y sé tan sincero sobre lo que quieres. Hay una parte de ti que, si sabe, y sabe por dónde empezar. Has lugar para las mejoras increíbles, y luego esas mejoras que deseas se sentirán no como un deseo material sobre ese objeto, pero como una suave atracción a aquella persona, o lugar. No se sentirá como algo triste o imposible, o caro, solo alegría, como un mensaje en la botella que es respondido con otra botella.

Antes de nuestra próxima sesión, mi cliente y yo nos sentamos en mi oficina y debatimos como esta experiencia había cambiado todo en nosotros. Parecía que habíamos perdido interés en nuestra vida cotidiana, la cual ahora parecía pequeña e insignificante. No teníamos deseos sobre nada material. Nada nos emocionaba. Nos sentíamos neutrales en nuestras vidas. Talvez sería mejor no saber sobre las cosas que ahora sabíamos. Nos preguntábamos si sería mejor parar y reenfocarnos nuevamente en nuestras vidas y familiares, con el objetivo de volver a sentir alegría en nuestras vidas. Decidimos no hacer sesión usual, pero preguntar más preguntas relacionadas con nosotros mismos. Y antes de que el cliente se acostara, pregunte en voz alta, "¿Pueden ustedes escuchar nuestra conversación de ahora?"

R: Si

P: ¿Entienden como nos sentimos?

R: Si, entendemos. Entendemos que el deseo humano es el vértice del egoísmo. Por un lado, está la sensación del anhelo y el otro la inclinación de la emoción. Sin esto, no hay ángulo; La línea se desvía, y la tensión se pierde. El no tener el deseo urgente de los animales de encontrar comida, refugio y reproducirse ha permitido a los seres humanos alcanzar un estado superior de conciencia e inteligencia simultáneamente. Pero lo que sigue perdiéndose es la conexión con la energía de la Tierra y la unidad con otra vida. A medida que la mente inteligente eleva las habilidades necesarias para ir más allá de la caza y la supervivencia, bloquea los placeres de la conciencia. Los placeres del hemisferio izquierdo del cerebro es el ángulo del placer para escalar la pendiente del tiempo lineal desde el inicio de la idea hasta el logro y la culminación, o retroceder por el lado del "fracaso" y del no tener. El placer del cuerpo mental, el lado derecho del cerebro, está en la conexión instantánea y la maravilla de cada momento percibido como "ahora".

¿Se puede bajar de la rueda en este momento? Puede haber grietas. Puede que haya quienes vean la rueda, pero incluso cuando se bajan, siguen girando.

Estamos diciendo que ésta es la manera desequilibrada que se siente cuando no has ascendido.

P: ¿Cómo será las Ascensión?

R: Habrá aquellos que se desvanecerán, y otros que quedarán a la vista, caminando despacito hacia la puerta. Espera magia.

P: ¿Qué es requerido de nosotros?

R: Ser un ser intuitivo y hermoso, aun en esos últimos momentos o no, es la meta. Si hay personas con las que no resuenas, déjenlos ir y continúen avanzando como si este fuera el último día de un trabajo duro, de manera nostálgica sentir el final de algo. Como para decir, ahora que todo ha terminado, puedo ver que hay cosas que echaré de menos. Pero no extrañes el viento.

Este no es un momento para construir sobre las vidas que tienes, si estos límites se sienten estancados. Este es el momento de limpiar y limpiar. Romper cadenas. Estás desatando las cuerdas de la nave a punto de partir. Di adiós a esta ciudad y, a medida que se desvanezca, verás todo de manera parenteral, perfecto; No como un animal tratando de comerte, sino como una pequeña tortuga en su camino a una supervivencia propia.

1. *Así que disfruta de estos momentos de desarrollo, como al establecer un negocio*
2. *Ve y di adiós como si fueras a echar de menos cada cosa*
3. *Sube al barco. Pon tu compás de corazón y síguelo.*

Entonces, no, no se aconseja construir las cosas de una sola manera, pero se recomienda estar preparado para explorar aquello que se sienta bien.

Entonces, para esta sensación incómoda, por ahora deja que el lado izquierdo del cerebro simplemente le diga al lado derecho cosas como el tiempo y qué hacer a continuación. Es el asistente personal, el despertador, el guardián del registro de la conciencia y la conexión que eres.

Compórtate de esta manera, y encontraras la dulzura en muchos más momentos del ahora, en lugar del ángulo de deseo. Ahora el placer florecerá en patrones hermosos y al azar, como la floración de crisantemos o las gotas de lluvia al caer sobre un estanque.

P: Si pueden escucharnos cuando estamos charlando, ¿pueden también vernos?

R: Si, podemos verlos. ¿Te gustaría venir aquí arriba y ver tu hermoso planeta azul de la forma que nosotros lo vemos? Puedes hacer esto en tu meditación o en tus sueños. Puedes pedir venir, y nosotros recibiremos tu señal. Ya has estado aquí arriba en nuestra nave de medicina para recibir mejoras. Aunque las mejoras de ADN hechas a Trabajadores de la Luz no podrán ser observabas en los laboratorios de la tercera dimensión, éstas si existen.

Ellos explicaron las distintas maneras por las cuales los humanos pueden abordar las naves. Una de ellas es físicamente, la cual se siente como si estuvieras flotando o rotando. Otra manera es por medio del subconsciente, cuando duermes. Muchos aparecen momentáneamente y después desaparecen desde la cubierta del barco. Y una tercera forma es cuando pones tu conciencia aquí. Traté de visualizar, durante las próximas semanas, una nave aterrizando en un campo cercano y me imaginé caminado hacia él, y subiendo las escaleras para abordar. Usar los canales de la imaginación crea una frecuencia que, cuando es proyectada, puede ser detectada y les permite a ellos alcanzarnos, como un puente. ¡Me acuerdo de estar en la cubierta vestida como Buck Rogers! La próxima semana les pregunte a ellos sobre esto.

P: ¿Llegué a algún lugar cercano?

R: ¡Tan cerca para ti! Será un arduo esfuerzo si se aplica demasiado esfuerzo al servicio de la transición. Sin embargo, si te relajas un momento y subes un poco más, esta transición se producirá fácilmente.

Enviamos un pequeño barco para que nos encontráramos a mitad de camino y con enviados amistosos para brindarte motivación en la forma más adecuada a tu estado de ánimo. El barco no tiene por qué ser sombrío, y de buena gana y juguetonamente participamos en una divertida aventura espacial para ti ... el espíritu del espacio era una festividad. La información a bordo es actual. Pisar con prudencia. Las cosas siempre pueden parecer una creación de la mente del individuo.

Esa noche, cuando transcribía la información que habíamos recibido ese día, sentí la energía cambiar, una vibración mayor en el centro de mi corazón, cuando me senté en mi oficina. La sensación se intensifico.

"¿Puedo ir arriba ahora?" pregunté.

Momentos después, estaba siendo recibida dentro de la nave por dos pequeños, brillantes, seres blancos con ojos largos, azules y en forma de almendra que eran sensibles y amables. Parecían ser puros, como niños. Fui escoltada por ellos a un elevador, el cual se abrió en la cubierta, donde yo podía ver más allá de los confines de la nave hacia el espacio y el planeta Tierra debajo de esta. Podía escuchar mi vos hablar rápidamente, pregunta tras pregunta, "¿Qué es esto?, ¿Qué es aquello?"

En los puestos de trabajo había seres humanoides altos que vestían trajes blancos ajustados. Alrededor de sus cabezas, llevaban un casco de vidrio con forma de pecera. ¿Por qué están usando cascos en sus propios barcos? Me oí preguntando,

En respuesta, escuché dos palabras, "Campos de energía."

Lo que yo estaba viendo alrededor de sus cabezas era el brillo de sus campos de energía, las cuales no penetraban sus trajes ajustados.

Era una reminiscencia de la pintura medieval de los ángeles y los santos con halos de discos de oro alrededor de sus cabezas.

Una persona de sexo femenino se me acercó. "¿Cuál es tu nombre? Yo demandé.

"Puedes llamarme Claire". Supe al instante que no era su nombre verdadero, pero mi mejor amiga de la infancia se llamaba Claire.

Primero me condujo a una habitación relativamente pequeña, una clínica, con una extraña colección de instrumentos metálicos ligeros con colores infundidos que colgaban de un punto central en el techo.

Mi rápida voz preguntaba: "¿Qué es esto? ¿Qué es? ¿Es esta la cubierta holográfica? ¿Vamos a estar en una playa?"

Un instante después, estaba parada en medio de una vasta biblioteca.

"Esta es la biblioteca. Te invitamos a acceder a ella en cualquier momento que desees. Todo lo que se ha escrito está aquí". Entonces, de repente, estábamos de vuelta en la pequeña sala clínica. Luego de nuevo en la biblioteca, luego la sala ...

"¡Es holográfico!" Dije "Pero, ¿cómo puedo acceder a este?"

Hubo una pausa. Entonces, oí, *"holográficamente"*.

Luego entramos en un área de la nave que parecía ser para recreación. Tenía una forma rotunda, y cuando entramos, la gente estaba sentada en las mesas. Las paredes eran sólidas e invisibles intermitentemente. Cuando eran invisibles, podía ver directamente al espacio.

Me hicieron comprender que estos movimientos concéntricos en la estructura circular del casco daban la apariencia de invisibilidad, pero que mis ojos y mi cerebro estaban creando la alteración que me permitía ver las sólidas paredes de la nave.

Estaba agradecida por esto. Mi cerebro izquierdo se estaba cuestionando. Pero incluso mi ego tuvo que rendirse a un concepto que sé que no podría haberlo creado yo misma. No tenía ningún marco de referencia para esto.

Durante mi próxima entrevista con la Segunda Torre del Barco Pleyadiano, les pregunté acerca de las cosas que había observado y me las aclararon.

Primero sobre la invisibilidad.

R: A medida que viajamos, deseamos que se conozcan nuestras intenciones, y esto es comunicado con transparencia real. Dondequiera que vayamos, podemos demostrar que no estamos armados.

Nos gustaría mucho pedirte que vuelvas a visitar la biblioteca. Es una experiencia única para todos los que viajan a la biblioteca; y se puede acceder a la información de muchas maneras. Puedes ver la información en un orbe, como una proyección, como un disco o pantalla, o como un manuscrito, y puedes reproducir un video o abrirlo como un libro, que se mueve o no.

Esta fue mi primera y verdadera comprensión de la nueva forma de ser, de que los conceptos lineales deben desaparecer, y la mente debe permitir que la expansión abarque todas las posibilidades. Comencé a ver cómo la hipnoterapia me había preparado para salir de las limitaciones de una comprensión tridimensional de la realidad y preparé los cimientos para poder aceptar el camino que me esperaba.

Capítulo 5

Quebrando Nubes

" No todos los seres tienen la capacidad de los humanos
para usar sus imaginaciones y manifestar sus pensamientos
positivos y negativos en su realidad. Algunos solo tienen
la capacidad de hacer todo lo que tienen forzándolo
físicamente, mientras que los humanos pueden crear
objetos y realidades a mano y con sus mentes."
-- Segunda Torre del Barco Pleyadiano

Seth`s Pond en Martha`s Vineyard es un estanque de aguas poco profundas con una pequeña playa de arena cerca de la carretera, donde puedes caminar directamente e ir por algunos caminos antes de salir de tu departamento. Ya vestida con mi traje de baño, puse mi bolsa de playa y caminé de puntillas hasta la orilla del agua. Pequeños peces se alejaron de mí rápidamente. Yo había visto esa misma semana cuando algunos niños con cañas de pescar no pudieron atraparlos.

Le di a la niña con la ballena inflable un amplio espacio y me metí en el agua limpia y tibia con mis zapatos de natación de neopreno que parecían zapatillas de deporte. Me gusta el agua fría. Era solo junio y ya el agua era como un baño tibio. Avancé lentamente y me lancé hacia la periferia del estanque, lejos de la multitud. El estanque es de buen tamaño para cualquiera que se considere un buen nadador de longitud. Está rodeado por árboles y terrenos privados que no ofrecen ningún otro punto de entrada visible, excepto directamente, donde una vez vi a varias personas lanzando kayaks. La superficie del estanque reflejaba el color de los árboles en un verde profundo y calmado, y también era un poco más fresco y profundo. El cielo azul parecía formar una cúpula perfecta sobre las copas de los árboles y estaba salpicado de nubes blancas y esponjosas.

Nadé un rato y finalmente me puse de espaldas y dejé que mis zapatos flotaran y salieran a la superficie. Extendí mis brazos y piernas, enderecé mi espalda y floté libremente. Esta fue mi meditación, sumergida en agua que era fácilmente la temperatura corporal y en silencio, ya que el agua cubría mis oídos. Todo lo que podía ver era un cielo azul, nubes y una franja periférica de vegetación.

Mi respiración se estabilizó y sentí que me relajaba profundamente. Sobre mí, había una pequeña nube blanca. Cuando me enfoqué en su forma extraña, pareció cambiar. Al principio pensé que parecía una mujer griega reclinada en una reposera, y mientras seguía mirando, se volvió aún más. Me maravillé de la precisión de sus proporciones. Entonces la nube comenzó a separarse. ¡Se rompió y desapareció por completo!

"¿Qué fue eso?" Me pregunté con incredulidad. "Nunca había visto eso antes ..." Volví mi atención a la nube debajo de ella, y cuando lo hice, inmediatamente comenzó a separarse, y en solo un minuto, desapareció.

Tomé una cuenta rápida de todas las nubes sobre el estanque. Tal vez esas dos estaban en la misma corriente y eso produjo que desaparecieran de repente. Girando en el agua, fije mi vista en una nube mucho más grande detrás de mí. Significaba mirar al sol, y era más difícil poder hacerlo, pero muy pronto la nube tenía la forma de un delfín, una imagen tridimensional, lo que me hizo decir en voz alta: "¡Estás bromeando!" Luego, la nube volvió a cambiar, esta vez a un elefante, y luego comenzó a romperse, al igual que los demás.

Escogí otra nube, una pequeña; el mismo resultado. Ahora estaba de pie, con el agua en mi pecho, inconsciente de los demás alrededor de mí, y me reía a carcajadas.

Dije: "Eso fue muy divertido. ¡Gracias! Pero esto no está sucediendo realmente por mí. Es una especie de fenómeno climático, ¿verdad?" Volví a ver la única y más grande nube sobre el estanque y hacia mi izquierda. Miré hacia el otro lado del estanque, que estaba tranquilo, y hacia el árbol. Había una brisa ligera, como mucho.

Dije en voz baja, por temor a que me escuchara la gente, "Okey, entonces. ¡Si la nube se va, tenemos algo!" Mientras lo observaba, podía ver que la nube comenzaba a polarizarse, separándose lentamente en muchas direcciones, como esparciendo algodón de azúcar por los dedos. Entonces apareció una forma, una diligencia y caballos, que rápidamente se convirtieron en un perro dálmata como si saliera de la nube directamente hacia mí.

No estoy diciendo que las figuras que las nubes formaban fueran similares a esas cosas ¡Eran representaciones precisas, como fotografías en blanco y negro, en tonos grises!

Me mantuve firme, y pudo haber tomado cuatro minutos, pero desapareció igual que los demás. "¡Gracias!" Dije. "Muchas gracias por eso. ¡Fue brillante!"

No quería irme de la escena de este pequeño y muy privado lugar, pero se estaba haciendo tarde, y mi piel se estaba arrugando, ¡y ya no quedaban más nubes!

Sentí como si flotara a casa, y pensé que era capaz de hacer esto de forma tan normal, como tomar una ducha. Cuando llegué a casa, puse la tetera a calentar y encendí la computadora portátil.

Nube de símbolos, signos, lecturas, imágenes-- nada apareció en ninguna de las búsquedas que intenté. Luego, en la barra lateral, veo una foto de Kate Bush en un anuncio antiguo de su disco "Quebrando Nubes". ¡Oh, la sincronización!

En la búsqueda escribí *"Quebrando Nubes"* y segundos después estaba viendo un video en YouTube de un cielo azul lleno de nubes blancas e esponjosas y una voz en el video decía: "Estamos a punto de mostrarte algo que puede resultarte interesante. Vamos a elegir una nube. - Digamos, esa pequeña que hay a la izquierda de la imagen. Mire mientras, solo con el poder de nuestra intención, hacemos que esta nube se separe y se disipe."

Miré, y fue como estar de vuelta en el estanque. Incluso pude ver aparecer un símbolo antes de que la nube desapareciera. También noté los otros videos en YouTube de experiencias de destrucción de nubes en Japón y otros lugares alrededor del mundo. Cuando terminó la demostración, la voz dijo que era un instituto sin fines de lucro que capacitaba a personas en la manipulación del campo energético humano y las modalidades de curación dirigidas por la energía. Luego me dirigí al sitio web.

¿Era esto lo que la experiencia había sido? ¿Es esta la siguiente pieza en el rompecabezas de mi vida? ¿Por qué todo era tan complicado, o extremo? No podían solo haberme susurrado al oído: "¡Alison, busca en Google 'Quebrando Nubes'" ¿O es esto lo que las personas realmente quieren decir cuando hablan del misterio de la fe?

Pasaron unos días antes de que tuviera el coraje de intentarlo de nuevo. ¿Y si no pudiera hacerlo? Bueno, entonces fue solo un regalo de los ángeles; eso sería suficiente para mí.

Lo intenté de nuevo, mientras paseaba mi perro entre mi casa y la carretera principal, y conseguí hacerlo con tres nubes.

Comencé a hacerlo cuando estaba conduciendo; a través del parabrisas, y descubrí que ni siquiera tenía que concentrarme en la nube todo el tiempo, siempre y cuando mantuviera la imaginación en mi mente y mantuviera mi intención.

Entonces descubrí algo igualmente interesante. Había empezado a quebrar una nube cerca de mi casa, pero mirar la nube en ese ángulo me era incómodo, así que me separé por un momento y busqué una silla de jardín. Me acomodé y luego volví a mirar la misma nube. ¡Esta había duplicado su tamaño! Si me separaba con esa intención, parecía crecer en tamaño.

Después de una semana, junté valor para mostrarle a mi esposo, y mientras nos sentábamos en la playa, seleccioné una nube y la rompí, luego otra, luego otra. Su reacción fue preciosa. Él dijo: "Bueno, si así es como quieres pasar tu tiempo, quebrando las nubes ..." Él estaba en lo correcto. ¿Para qué sirve? ¿Cuál es el propósito?

Si con la intención y la proyección de energía se puede afectar algo que se percibe estar tan lejos, ¿qué se podría lograr durante las curaciones?

Si esto se trata de energía e intención, ¿no es así como funciona el rezo? De repente, el poder de la oración no parecía un concepto tan abstracto.

Si se usa la oración y se proyecta su intención en forma de energía, ¿qué se podría lograr durante una vigilia, con velas alrededor de la cama de un paciente en un hospital?

La fe tiene que trabajar en ambos sentidos. A veces, una vigilia no asegura salvar la vida del paciente, pero eso se debe a que la vigilia no fue hecha para esto. Hay una imagen más grande, y no siempre tenemos el privilegio de saber qué es eso.

Recuerdo que un amigo mío se convirtió en un cirujano vascular muy exitoso porque cuando era niño había visto a su padre morir de una enfermedad renal. ¿Cuántas vidas él estaba salvado como resultado? Ese es el misterio de la *fe*.

Capítulo 6

Esto es Marconics

"Simplemente necesitas bajarlo del sistema
infrarrojo recién completado en el espacio".
--Dado a Alison David Bird en sueño

Muchas de mis experiencias singulares con el Espíritu tienen lugar en el sueño. Según el Espíritu, esto es porque soy un Caminante de Sueños. Cuando los mensajes se transmiten desde los reinos superiores, es imposible entender el lenguaje conscientemente. Por lo cual, la frecuencia se canaliza a través de las dimensiones sexta y séptima, lo que puede ser recibido más efectivamente por el receptor. Las imágenes, el simbolismo y la metáfora se utilizan para transmitir el mensaje.

A principios de 2012, experimenté un sueño recurrente.

En la primavera, me senté con uno de mis guías en un banco del parque cuando, mientras hablábamos, de repente se me acercó y puso su mano debajo de mi pierna.

Mientras aún estaba procesando el hecho de que podía sentir su mano, sentí una ola de energía bajar por la otra pierna, como nunca lo había sentido antes.

"¿Qué fue eso?" Yo pregunté.

Él dijo: "Esto es *Marconics*".

Un par de semanas después, tuve otro sueño. Esta vez, estaba sentada y charlando con una mujer indígena que vestía un top rosa y tirantes. Estaba sentada tan cerca de mí que pensé que yo podía oler jazmín en su piel. Luego se inclinó y me tocó el pie derecho con el pie izquierdo. Mi pie izquierdo se sacudió en respuesta. Ella dijo: "Esto es *Marconics*".

Cada vez que despertaba de estos sueños, estaba sumergida en esta energía, que parecía pesar por mis venas.

Recuerdo que pregunté de dónde venía esta energía, y en mitad de la noche me desperté, durante una conversación que estaba teniendo con un guía sobre kundalini.

Mientras caminaba en la penumbra del pasillo hacia el baño, hablaba en voz alta... "¿Se supone que estoy aprovechando la energía kundalini de la Tierra?" Reflexioné sobre esta pregunta en el baño y luego volví a la cama.

Cuando comencé a dormirme, escuché: "No tienes que aprovechar la energía kundalini de la Tierra. Simplemente tienes que bajarlo del sistema infrarrojo recién completado en el espacio".

Por mi parte, no tenía ni idea de lo que se entendía por sistema de infrarrojos hasta que investigue su significado. Mi hijo sugirió que era solo una frase que había leído en un aparato de cocina.

El sistema de infrarrojos está formado por una banda ancha de frecuencias de luz invisibles para el ojo humano que incluye microondas, radiación ultravioleta y ondas de radio.

La palabra *Marconics* me recordó a Guglielmo Marconi, el hombre que inventó el Código Morse y rivalizó con Nikola Tesla la teoría de la transmisión de radio a principios del siglo XX.

Inspirado por el trabajo de Heinrich Hertz, Marconi, hijo de nobles e italiano, creía que uno podía producir y detectar radiación electromagnética e incluso bajarlas desde el espacio, lo que ahora es generalmente conocido como ondas de radio.

Tuvo éxito en Europa, así como Tesla lo hizo en los Estados Unidos.

Algunos círculos esotéricos creen que fingió su muerte en 1937 para poder continuar experimentando con láseres y tecnología anti gravedad, incluso ingeniería inversa de tecnologías extraterrestres, sin interferencia del gobierno.

Capítulo 7

Cien Formas de Luz

Había estado utilizando una combinación de hipnosis, terapia y curaciones de energía para ayudar a aliviar el dolor emocional que uno de mis clientes tenía en el cuerpo físico, durante varias sesiones. Me acerqué a ella para una curación de energía, como lo había hecho antes, y estaba a punto de poner mis manos sobre su cuerpo cuando escuché, "¡No la toques!"

Mis manos comenzaron a moverse en el aire como si me operaran de forma remota, y comencé a hacer movimientos de "barrido" desde la parte superior de su cabeza, siguiendo las líneas de sus brazos, atravesando su torso, muslos y piernas, y saliendo a través de los pies.

Mi cerebro analítico izquierdo gritó: "¿Qué demonios estás haciendo?"

Pero mi mente intuitiva decía: "No, esto es bueno, *¡sigue adelante!*"

Me posicioné del otro lado del cuerpo del cliente y paré cerca de su cabeza, pasando mis manos por la frente y alrededor de las orejas y la mandíbula.

Recuerdo haber pensado: *¿Cómo vas a cobrarle a esta mujer cuando ni siquiera la has tocado?*

Pude ver que ella estaba profundamente relajada, hasta el punto de no darse cuenta, así que continué. Era la misma energía intensa que yo había estado experimentando en la cama cada noche. Mientras esta energía corría a través de mí, pensé que mi corazón latía con tanta intensidad que saldría fuera de mi pecho. Podía sentir el campo de energía del cliente bajo de mis manos, cuando me movía a unas ocho pulgadas (20 centímetros) sobre la parte superior de su cuerpo, y sentí como si nuestros campos eran de alguna manera el mismo.

Esto continuó durante unos veinte minutos, y al final de la sesión, el cliente se sentó de golpe en la cama, sin nunca haber tenido ningún tipo de experiencia espiritual, y dijo: "Yo era un hermoso árbol, y mis ramas se extendían hacia arriba y hacia el cielo y el universo, y mi cuerpo era el tronco, y las raíces del árbol se extendían debajo de la tierra".

Ella dijo que se sentía increíble. Ella había experimentado la sensación de energía fluir a través de su cuerpo por primera vez, y había recibido un gran sentido de paz interior.

Ella acababa de describir uno de los símbolos más elevados de la espiritualidad, el árbol de la vida. Cuando lo busqué en Google, vi referencias con el sistema axiatonal en el cuerpo y la red del planeta.

Sabía que la energía era Marconics y que esta mujer se había convertido en otra maestra para mí. Inmediatamente, nombré al método "sin contacto".

La siguiente mañana, me desperté tarde. Como todas mañanas, yo prendí la televisión para ver las noticias. Pero en lugar de estas, había una entrevista con el Dr. Eric Pearl, un médico quiropráctico que, desde 1994, comenzó a usar un sistema de curación sin manos que él llamó curación reconectiva.

Durante la entrevista, la explicación del Dr. Pearl, de cómo la energía emane del cuerpo, difiere de mis experiencias con la energía. A mi modo de ver, todo es energía, energía que vibra a cierta frecuencia. Todos venimos de la misma fuente; no hay delineación entre el campo de energía de la gente. La vibración se hace más fina cuanto más lejos estamos los unos de los otros, pero todos existimos en un campo cuántico. Creo que estaba trabajando en el campo morfo genético, la forma que mantiene la huella dentro del campo unificado. Todo era energía.

Sentí que debía buscarlo y hablarle sobre mis experiencias con los Pleyadianos y sobre Marconics, la nueva energía de Ascensión que estaba llegando al planeta.

Le había oído decir que ya no enseñaba mucho. Así que decidí buscarlo en Google para obtener información de contacto y descubrí que, dentro de dos semanas, estaba haciendo una rara aparición docente en un retiro no muy lejos de mí.

Llamé de inmediato y me dijeron que la clase estaba completamente reservada. Me preguntaron si quería que me pusieran en la lista de espera. Normalmente hubiera dicho que no y lo hubiera dejado pasar, pero por alguna razón dije: "¡De acuerdo!"

Dos días después, me llamaron y me dijeron que se había abierto un espacio.

*   *   *

Tan pronto como terminó de hablar, quise levantar mi mano y decir: "He tenido experiencias similares con Moldavite, y he hablado con Pleyadianos a través de un cliente en la mesa. Creo que estamos destinados a unirnos y hablar sobre la información que he recibido. ¡Quizás incluso estamos destinados a trabajar juntos!"

Cuando llegué al escenario, había otras personas que querían hablar con él, pero yo era la primera.

No estaba segura de lo que debía decir en medio de una multitud. Tentativamente pregunté: "¿Podría hablar con usted un momento, por favor? ¿Tal vez más tarde? Miré a mi alrededor, y pensé cómo podría mencionar a los Pleyadianos en compañía de un psicólogo de New Jersey y varios agentes inmobiliarios de New Hampshire.

Me miró desde el escenario y dijo con desdén: "¡Esto es! ¿Qué quieres decir?"

Sentí que mi cara se enrojecía a medida que me introducía ligeramente. Él se sentó de nuevo en el borde de una mesa de masaje en el escenario, con una pierna cruzada sobre la otra, con los brazos cruzando su pecho. Se inclinó ligeramente hacia adelante para apoyar su mentón en su mano.

Esto no iba como estaba previsto. Me di cuenta de que esta no sería la oportunidad que esperaba, y en el momento, cambié mi pregunta. Murmuré algo acerca de la teoría de que las personas a veces no podían recibir sanación si ésta no estaba en su contrato. Luego me oí decir: "Ya estoy haciendo esto, así que realmente no sé por qué estoy aquí".

Él dijo: "Si crees que has experimentado algo como esto antes, estás equivocada".

"¡Bueno!" Dije. "Gracias." Sonreí con cortesía y me di la vuelta.

Bueno, yo ya había tomado mi decisión. Esto no era para mí y, a primera hora de la mañana, regresaría a casa, aunque me había inscrito en el curso.

Esta conferencia había sido una desviación interesante en mi forma de vivir-- estaba completamente fuera de mi zona de confort. Nunca antes había asistido a un retiro, o a un taller profesional, ni nada fuera de la universidad. Vivía casi herméticamente en mi pequeña isla en la costa este y rara vez me aventuraba a salir de ella, desde que nos habíamos mudado del Reino Unido seis años atrás.

Este lugar era enorme. Cuatrocientas cincuenta personas se habían registrado para asistir a seminarios de capacitación y perfeccionamiento de maestros de yoga. No había visto tantas personas en un solo lugar en mucho tiempo. Ahora iba a tratar de dormir en un dormitorio de unas quince camas.

Recuerdos infelices de aislamiento en el internado cuando era niña comenzaron a salir, y además estaba irritada con el hecho de que había pedido prestado más de mil dólares a un amigo para estar aquí.

"No me voy a quedar. Me voy a primera hora." Dije en voz alta a mis guías mientras luchaba por sentirme cómoda en mi cama.

Cuando me acomodé, escuché: "Aún está por revelarse, aún está por revelarse..." Pero estaba agitada y sentía que esto no importaba.

Un tiempito después, me despertó la imagen de un cráneo humano. Había un tapón negro atascado en la parte superior del cráneo, alrededor de la chacra de la corona, con un disco redondo y gelatinoso sobre la parte superior. Observé cómo mis guías corrían algún tipo de herramienta alrededor del exterior y lo levantaban como para mostrarme que se podía eliminar. Luego lo dejaron caer en su lugar. Me quedé dormida.

A la mañana siguiente, el ambiente había cambiado. Había una energía, incluso en los pasillos, que estaba alimentada por los maravillosos seres que se habían congregado allí para su propio avance espiritual, a través del yoga y la danza y la alegría de la vida. Parecía que todo el mundo lo notaba.

Comencé a darme cuenta de que mi razón de estar allí no tenía nada que ver con el evento de Eric Pearl. Casi todas las veces que me sentaba, o hacía cola para comer, o tomar un café, me encontraba con alguien, y lo primero que salía de sus bocas me llevaba a suponer que debía transmitirles información que les ayudaría de alguna manera.

Comencé a sentir como una extensión de mi oficina en Martha`s Vineyard. Una mujer me dijo: "Mi hija es la única sobreviviente de un tiroteo que mató a todos sus amigos". Un hombre dijo: "Mi madre se está muriendo y todavía no he encontrado la manera de perdonarla". Una mujer joven habló sobre su vida familiar, la cual era abusiva. Yo les hablaba igual que a mis clientes. Otros escuchaban y se unían a la conversación hasta que esta se convertía en una clase espontánea de alquimia espiritual. Esto es lo que realmente me encantaba hacer; y ahí estaba en mi elemento. Sabía que de alguna manera estaba ayudando a estas personas a hacer conexiones.

A la hora del almuerzo, una empleada del centro se sentó frente a mí en la mesa que había seleccionado lejos de la multitud para tomar un breve descanso. Hablamos casualmente. Más tarde, ella puso una tarjeta debajo de la puerta de mi dormitorio para decirme lo agradecida que ella estaba de haber escuchado las palabras correctas en el momento adecuado.

El segundo día, pensé que podía tomar un descanso antes de regresar a clase, pero mientras caminaba por el corredor, vi a una mujer joven delante de mí doblarse y agarrarse de la pared. Pronto pude ver que algo en ella estaba muy mal.

Esta mujer acababa de recibir una llamada, que decía que su esposo estaba gravemente enfermo y que era poco probable que ella pudiera llegar a casa a tiempo para despedirse.

Estas conversaciones eran muy especiales para mí; yo agradecía a mis guías por la posibilidad de poder ayudar a otros, y de poder hacer lo que fuera necesario en cada caso. Era como una especie de punto nexo para viajeros cansados.

Más tarde, mientras yacía en una mesa de masaje, aparecieron mis guías.

Un rostro bello y femenino, con ojos impresionantes, muy gentiles y amables, se me acercó y sentí que la energía cambiaba, ese peso familiar en mis venas que solo era sinónimo de Marconics. Le pregunté: "¿Eres pleyadiana?" Ella asintió y cerró los ojos en reconocimiento. Empecé a sentir un aumento de presión y luego un dolor que se agravó. Estaba un poco preocupada. Entonces me pregunté: "¿Estaré bien?"

Ella asintió por segunda vez, y me tranquilizó. Oí decir, "Estás perdiendo densidad".

Mi cara se transformó en una sonrisa. Sentí el amor como nunca lo había sentido antes. Alegría que trajo lágrimas a mis ojos. Vi un tipo de luz que brillaba como si estuviera atravesando el agua y escuché la palabra "Portal". Inmediatamente, me moví a través de él y crucé múltiples líneas de tiempo que me llevaron simultáneamente a diferentes lugares. Se podían experimentar como no uno por uno, pero todos al mismo tiempo. En todo momento, permanecí completamente consciente y despierta sobre la mesa de masaje.

Me encontré sentada en un compartimento de un tren viejo con un hombre vestido con un traje anticuado, con una camisa de ala y una extraña corbata. Más tarde descubrí que era Marconi. Simultáneamente, observé desde debajo de la superficie de una cascada roja y pude ver diminutas criaturas nadando en ella, como si estuviéramos observando bacterias a través de un microscopio, que parecían moverse con inteligencia.

Hubo un diálogo continuo.

"Este es el ADN en tu sangre. Mira cómo se frota y activa".

Pude ver extraños tipos de fibra óptica que se balanceaban de un lado a otro. "Estos son filamentos codificados por luz que atraen fotones a través de la superficie de la piel".

En otro lugar, se me estaba mostrando la producción de partículas cristalinas ... y luego volvía a viajar por túneles largos que se arremolinaban para llevarme a otra parte.

Luego vi las caras de los extraterrestres que se acercaban; eran hermosas y serenas, y aparecían una tras otra. Hubo una que parecía un poco gris, pero era un blanco luminoso. Debo haber retrocedido, mientras la voz me ofrecía tranquilidad, diciendo "Híbrido. Maestros genéticos".

Me escuché a mí misma demandar, "¿Qué diablos está pasando?"

Y una voz desde el silencio dijo: "Estás viajando a través de las capas multidimensionales del cuerpo holográfico". Nunca había escuchado esas palabras, esos conceptos y, sin embargo, estaban unidas de tal forma que de alguna manera tenían sentido para mí.

"Aquí es donde sucede todo, dentro de los reinos y universos internos. No allá. Tus científicos no detectarán los cambios dentro del ADN. Está sucediendo de manera multidimensional. Escribirás un libro".

Yo dije: "¿Sobre qué?"

"¡El multidimensionalismo es la próxima gran cosa!"

"No sé nada de multidimensionalismo ..."

"Ninguno de ustedes lo saben. Pero todos lo están haciendo de todos modos".

La voz continuó. "Esto es Marconics, *la reforma humana*. Debes llevarlo a cabo y difundirlo lo que más puedas".

A medida que estaba formulando el pensamiento, pude sentir una descarga de información y ya la estaba viendo en funcionamiento.

Estaba volando sobre escenas de personas que hacían picnic en los parques y paseaban en bote por los lagos y disfrutaban de la naturaleza y del aire libre. Luego vi una multitud entrando por la entrada principal de un gran auditorio.

"Estas son todas las personas que deben ser ayudadas".

Estaba viendo y estaba en varios lugares a la vez, simultáneamente, sin tener que cambiar mi enfoque de uno a otro.

"¿Por qué yo?" pregunté

La voz dijo: "Santo Tomás de Aquino llevó el mensaje espiritual a un gran grupo de la población, pero solo a los católicos. Tuvo que reencarnarse como John Lennon para llevar el mensaje a una audiencia mayor".

No tenía ninguna duda sobre lo que debía hacer a continuación o cómo debía hacerse. Sabía que todo estaría dispuesto para mí como un rastro de migas de pan. Regresé de allí y bajé por el pasillo hasta el dormitorio.

Tan pronto como cerré los ojos, todo comenzó de nuevo. Más información, más descargas. Entonces, pregunté: "¿Cuál es la frecuencia de este tipo de problemas?"

En algún momento de esa noche, mientras todos dormíamos, el sonido galvanizado del teléfono celular molestó toda la noche.

Después de un momento o dos de tratar de recordar dónde yo estaba, ¡recordé que ese era mi celular!

¿He mencionado que yo dormía en la cama superior de la cama cucheta? No soy una mujer pequeña y no soy particularmente activa físicamente, por lo que negociar bajar la escalera de la cama en la oscuridad para silenciar un teléfono fue cómico. Hice más ruido que el teléfono, que, por cierto, ya debería haberse detenido.

Después de pisar el antebrazo de la persona durmiendo debajo de mí, en la cama inferior, con mi pie y caer en la última parte del camino, localicé el teléfono, que por supuesto se detuvo de inmediato.

Dagas energéticas lanzadas por aquellos que yo había despertado bruscamente durante la noche, silbaban por mis oídos, así que tomé valor y salí del dormitorio. Había una atmósfera extraña en el pasillo silencioso en medio de la noche, y las voces eran rápidas y emocionadas con nueva información. Miré el teléfono, pero nadie me había llamado. ¡Era una alarma! Cualquiera que tenga un iPhone sabe cuántos movimientos se requieren para programar una alarma. Yo nunca programe mi alarma. Miré la hora, eran las 1:44 a.m. Fui a la cafetería a buscar agua caliente y una bolsita de té, y luego, cuando todos se habían dormido otra vez, volví a la cama.

Al día siguiente, pensé en verificar y ver si la alarma estaba realmente programada en el teléfono. Lo estaba, pero estaba programada para 1:44 a.m. Me había tomado un par de minutos salir del dormitorio e ir al pasillo.

Al mirar el número, escuché: "La frecuencia".

La frecuencia es la velocidad a la que se produce una vibración que suelta una onda, ya sea en un material (como en ondas sonoras) o en un campo electromagnético (como en ondas de radio y ondas de luz).

Por supuesto, consulté al mago Wikipedia ... ¿por qué no? ¿A quién más vas a preguntar?

Esto es lo que encontré, y es admitido en varias plataformas científicas: *144 es un armónico perfecto de la velocidad de la luz, que es de 144,000 millas náuticas (144,000 minutos de arco por segundo de la red de la Tierra) en el vacío del espacio.*

Debo recalcar que no soy una científica, no necesito serlo. La prueba no se encontrará dentro de los límites de la ciencia convencional. Sin embargo, encontré esto bastante convincente.

Desde entonces he llegado a creer que, lo que realmente significa es que, Marconics es una fuente de energía.

En las limitaciones de nuestro mundo científico, creemos que puede haber doce dimensiones; algunos creen que en realidad son catorce. Mi entendimiento es que hay 144 dimensiones en este universo y más allá de este. La cabeza divina, el primer creador, el oficio de Dios o la sala del trono, sin importar cómo lo llames, parece estar en el piso 144. O al menos este parece ser el piso al que puede descender para comunicarse directamente con nosotros. Nos pulsan estos rayos de energía, que a su vez se canalizan a través de las dimensiones más cercanas a nosotros y más fáciles de acceder como humanos.

Mientras caminaba por los pasillos de ese edificio ese día, una de las cosas más importantes que escuché en repetidas ocasiones fue "tira todos los libros."

Tengo una colección de las primeras ediciones que he reunido a lo largo del tiempo y que han sido escritas durante cientos de años por mis maestros espirituales. Yo había traído uno conmigo al retiro. El *Plano Astral* escrito por C.W. Leadbetter, que misteriosamente había desaparecido de mi cama.

"Tira todos tus libros. Este es otro universo, incluso las leyes de la física ya no se aplican. Todo es diferente. Todos están escribiendo los libros a medida que van".

> *Nota en mi diario: 3/6/13*
> *Anoche me di cuenta de que me estaban haciendo algo que sabía que era una mejora necesaria. El dolor era inimaginable, y grité como un animal, por un tiempo largo y prolongado.*

Fue mi última noche en el retiro y para mí la más significativa.

Me di cuenta conscientemente durante el sueño de estar en algún tipo de entorno clínico, en una gran sala llena de equipos médicos. Estaba sentada en una silla pesada y estructurada, en posición vertical, con un armazón metálico.

Dos seres, a los cuales no pude ver, trabajaban en mí desde atrás y por encima de mi hombro y parecían estar comunicándome que ellos estaban arrepentidos. Me complacieron y me aseguraron que sabían que esto era doloroso, pero dijeron que era necesario y que lo harían rápido. Sentí como si yo los hubiera sorprendido, cuando me volví consciente.

Uno de ellos colocó algo cálido y peludo en mi regazo, como un peluche, y me animó a que lo acariciara, como si eso me distrajera o me calmara. Lo hice por un breve momento mientras intentaba procesar la información, pero el dolor inflexible y el impacto de escuchar mis propios gritos guturales me devolvieron al momento. Más tarde, me interesó observar que no tenía miedo. Confié en ellos.

Me desperté sentada muy erguida en la cama cucheta. Estaba pegajosa y esperaba tener que recuperar el aliento para la próxima ola de dolor. Pero el dolor se había ido por completo. Nada sobre la experiencia se sintió como un sueño. Sabía que había estado en otro lugar. Comenté mi experiencia con varias personas cercanas a mí en el grupo, pero ¿quién podía creerme?

Luego, en la mañana, una mujer de la clase vino a mostrarme una fotografía que había tomado mientras caminaba por los jardines al amanecer. Tres grandes nubes en forma de orbe aparecieron en el cielo.

Más tarde, descubrí que, sin esta intervención quirúrgica, no podría haber cumplido mi destino para ser ancla de la frecuencia de Marconics en este planeta.

Capítulo 8

El Campo

"El campo es toda la gente, los organismos, los lugares y la vida presentes en la Tierra creando un latido, una pulsación. Se combina como una niebla o una manta. La naturaleza interconectada de este mundo se ve a través del campo. Tú puedes, si eres un viajero lúcido y divino, tener acceso de este campo. Esas personas que pueden controlar la mente y usarla de manera separada a lo habitual están más cerca de vivir en el campo. El trabajo en este campo / la magia es una forma antigua y también es la clave para la nueva forma de vida".
-- La Segunda Torre del Barco Pleyadiano

Había estado en casa durante aproximadamente tres horas cuando recibí una llamada de una mujer a la que había visto tal vez dos veces como cliente el año anterior.

"Tengo un mensaje para ti, Alison. ¿Podemos vernos?"

Desde nuestra sesión juntas, ella se había convertido en un canal de comunicación maravilloso y claro. Todos tenemos filtros cuando canalizamos, por supuesto, pero ella tenía un nivel de pureza en el que sentí que podía confiar; sabía que ella no tenía ninguna agenda personal.

Nos reunimos en una pequeña habitación en la biblioteca local, y le conté con entusiasmo mis experiencias de Marconics y lo que había sucedido en el retiro. Ella confirmó información que yo había recibido cuando hice mis preguntas y sus respuestas coincidían con las mías.

Ambas sabíamos que esta información era importante. Ella estaba interesada en trabajar juntas. Entonces ella me dijo que tenía mensajes para mí.

No sé por qué, pero el primer mensaje es: "Dile a Alison que hay veintitrés dimensiones de sueño".

"Okey ..." pronuncié. "¿Cuál es el otro?"

"Te llevará cuarenta y ocho días".

Ella sacudió su cabeza y dijo "No sé."

Más tarde ese día, el dolor que experimenté la última noche del retiro regresó. No fue tan severo, no hubiese podido soportar eso, pero era un dolor similar, como un alambre de queso alrededor de mi cintura, cortando la espina dorsal. Duró exactamente cuarenta y ocho días.

La regla de las tres confirmaciones siempre me ha funcionado. Como periodista en Inglaterra, las tres reglas del periodismo eran la exactitud, la exactitud y la exactitud. Tres fuentes de información siempre eran necesarias para poder confirmar la información. De la misma manera aprendí que tres canales de información podían confirmar los mensajes provenientes de Espíritu.

Todos tenemos nuestros propios guías, dependiendo de nuestros orígenes galácticos, nuestro camino evolutivo espiritual y nuestros linajes biológicos. Nos conectamos con ellos usando frecuencias, de la misma forma que nos sincronizamos a nuestro canal de radio favorito.

Tres fuentes del mundo del Espíritu serian la confirmación de aquello que no puede ser explicado en lo físico.

Como dije antes, todos somos capaces de canalizar información, a medida que traducimos la frecuencia que se vierte sobre nosotros, mediante la programación integral que se ejecuta en nuestro sistema, como si fuéramos una computadora. La pureza (del mensaje / información) es cuestionada por nuestro limitado vocabulario y experiencia, y es todo lo que el Espíritu tiene que extraer para ayudarnos con nuestra interpretación. Aprendí a través de las canalizaciones anteriores con la nave Pleyadiana de la Segunda Torre, que, si no podían encontrar la palabra exacta para expresar su significado, usaban tres palabras similares en secuencia y entre ellas estaba la verdadera representación y significado.

Mi antiguo cliente y una amiga cercana eran dos de las personas en las que más confiaba. Mi amiga era una maestra talentosa de Reiki, que me había inspirado para obtener mis sintonías y había presenciado mi desarrollo como sanadora a lo largo de los años. Ella se bahía convertido en un canal abierto y claro de comunicación, el cual yo usaba repetidamente.

A medida que le explicaba mis experiencias recientes y, en particular, la parte donde mis guías me habían mostrado el tapón del cráneo sobre el chakra de la corona, comenzamos a canalizar información sobre las sustancias bioplásmicas, de donde toda vida proviene. Los "tapones" de bioplasma eran viscosos y gelatinosos en ciertas condiciones y estaban colocados sobre los chakras "cortadas," girando en forma de trompeta, para desconectarnos de nuestros seres superiores y poder tener una experiencia lineal en este cuerpo físico.

Los tres nos organizamos para reunirnos alrededor de una mesa de masaje y permitir que el sistema emerja orgánicamente a través de canalizaciones y confirmaciones.

Era como una danza coreográfica, y cada una de nosotras sabía que nuestras manos y mentes eran guiadas simultáneamente en forma precisa. A veces, podía ver a través del velo, y parecía haber un grupo de guías observándonos como profesores en una escuela de hospital.

La posición de nuestras manos, los movimientos y las secuencias se formaron rápidamente y con estas una descarga energética que explicaba la necesidad de cada movimiento. Si mi ego, en cualquier momento, intentaba agregar algo que no era puro, ambas chicas corregirían de manera simultánea mi error.

La energía zumbaba alrededor nuestro. Fue emocionante y estimulante, y la sala estaba llena de seres de luz.

Después de muchas horas, finalmente sentimos que teníamos el protocolo. Todos estuvimos de acuerdo. Esta fue la completa Recalibración de Marconics.

Mi amiga se ofreció a ser el conejillo de india. "Puedes probarlo primero conmigo, y si sobrevivo, ¡sabes que lo logramos!"

Comencé a quitar los enchufes, o "tapones", como los llamábamos, de sus chakras. Nos habían dicho que esta técnica finalmente liberaría al ser de sus creaciones kármicas, que los vinculaban a la densidad de este reino, y podían comenzar su Ascensión a la luz.

También dijeron que, hasta este punto, los humanos no estaban listos, y que las energías no estaban disponibles para apoyar este proceso evolutivo. Las modalidades existentes solo habían sido preparadas para este próximo paso, como al quitar el papel de aluminio alrededor del cuello de una botella de champán. ¡Ahora podemos sacar el corcho!

La energía parecía descender sobre mí desde arriba, como si alguien la vertiera sobre mi cabeza. Me di cuenta de cómo luchaba para enviar la energía a través de mi cuerpo para ponerla debajo de mis pies. Esto todavía estaba bien dentro de los cuarenta y ocho días que me habían advertido, y todavía tenía dolor. La razón se volvió repentinamente obvia. No podía enviar la energía al suelo debido a mi lesión en la espalda causada por una caída de caballo cuando era una niña. En lugar de enviar la energía a través de mis pies, esta estaba bloqueada en mi espalda y me obligaba a enviarla a mi cabeza. Sentí que mi corazón salía de mi pecho. El dolor en mi espalda se intensificó y me sentía mal.

Mientras tanto, mi amiga (conejillo de india) parecía estar consciente de mí a medida que movía mis manos sobre su cuerpo, a pesar de que no la estaba tocando, y podía ver sus reacciones reveladoras en cada movimiento.

Cuando todo terminó, ella se sentó. Primero se sobresaltó, y luego se alarmó. Ella se levantó de la mesa de masajes y comenzó a caminar alrededor de esta, exigiendo: "¡Pongan los chakras en el lugar donde estaban! ¡Devuélvelas!"

A medida que más y más yo me preocupaba por lo sucedido, ella parecía calmarse. "No", dijo ella, "No ... está bien ... estoy bien. ¡Wow! Eso fue realmente poderoso".

Pero yo no lograba olvidar su reacción inicial. Estaba realmente confundida.

¿Quién pensé que yo era para modificar los chakras de esta persona? ¿Qué pensaba realmente que estaba haciendo?

Las dudas inundaron mi mente. *Talvez esto era solamente un sueño y, por lo tanto, un fragmento de mi imaginación, y lo peor de todo, había dañado incalculablemente a esta persona.*

A la mañana siguiente, me desperté sin ganas de nada. Sabía que no podía simplemente ignorar todo lo que había llegado a conocer y entender, pero no tenía confianza en mis habilidades para hacer esto.

Como de costumbre, di un paseo por el campo detrás de mi casa, donde a menudo me sentía muy conectada a tierra.

Mientras caminaba, dije...

"No puedo hacer esto, guías. Estoy muy contenta por la experiencia, pero esto está fuera de mi alcance. No tengo idea de lo que está sucediendo aquí. Una cosa es recibir confirmaciones y golpes intuitivos, pero no puedo seguir adelante. ¡únicamente sobre la base de la suposición de que solo estamos todos tan locos como una caja de ranas saltarinas!

"Ustedes tienen que hacer algo más para convencerme. Lo siento. Necesito una confirmación en este reino físico. Algo tridimensional que pueda convencerme de que estoy en el camino correcto, o todo se detendrá aquí.

Cuando completé mi caminata, mi vecina me llamó desde lejos.

Comenzó a describir un sueño que tuvo la noche anterior.

"Había un ser parado en el campo, y pensando que ella estaba aquí por mí, salí para encontrarme con ella, pero ella me dijo que estaba esperando a su estudiante, que llegaba tarde.

"Pude ver que el ser estaba luchando por permanecer en este plano, y ella parecía estar conectada a esta realidad por medio de tentáculos o algo similar. Mientras se movía, parecía atravesar la atmósfera como si estos tentáculos la impulsaran hacia adelante.

"Luego tú llegaste, ¡y ella estaba obviamente aquí para ti!

"Todos regresamos a la casa, y una mesa de masaje estaba en el centro de la habitación. Me subí a esta, y ella se colocó detrás a mis pies y te estaba enseñando algo.

"Parecías molesta porque no entendías, y ella estaba siendo amorosa pero firme contigo al mismo tiempo, diciendo: 'Solo pon tus manos sobre sus hombros'.

"Mientras lo hacías, sentí que algo estaba pasando en mis chakras. Miré hacia abajo y pude ver cosas que salían de estas. Una parte era aceite negro, que sabía que no era mío y que tenía que dejarlo ir. Las otras cosas se veían como blanquecinas; Eran cosas mías, pero sabía que ya no me servían ".

¡Eso fue todo! ¡Mi confirmación tridimensional! Nadie más que nosotras tres sabíamos sobre lo que había sucedido el día anterior. Mi vecina acababa de confirmar que estaba haciendo exactamente lo que se estaba enseñando.

El ser que se movía a través del campo como si estuviera conectado por medio de tentáculos que la impulsaban a lo largo, estaba usando el sistema axiatonal para anclarse en esta dimensión, solo para traerme este mensaje.

Capítulo 9

Primer Contacto

"Búscanos en los cielos ..."

El Seminario de Alquimia Espiritual y Economía en Vermont fue nuestro cuarto y más grande evento hasta ese momento.

En el primer evento, entrenamos un practicante. En el segundo evento, entrenamos dos más.

¡Ahora teníamos diez!

Llegamos a Vermont el miércoles por la noche, y antes de que oscureciera, logramos ubicar nuestra cabaña de madera alquilada en el borde de un hermoso lago aislado.

La cabina daba a las entradas de agua que reflejaban el estado de ánimo del cielo, y las islas planas y cubiertas de musgo creaban profundidad sobre un telón de fondo de colinas inclinadas.

La temporada había terminado y la cabaña parecía no querer recibir más huéspedes, pero una vez que encendimos el fuego, el ambiente cambio y se hizo más cómodo.

El jueves por la mañana, filmamos una entrevista de una hora en KATV. Luego, por la noche, dimos una presentación al capítulo de Danville (dowsers). Repetimos una vez más esa presentación en la iglesia de piedra de doscientos años, donde daríamos las clases ese fin de semana. Las presentaciones fueron exitosas, y varias personas completaron formularios para inscribirse en la clase de Marconics 'No- Contacto' y tomar Recalibraciones de Marconics.

El sábado por la noche, después de la clase, Abby, una practicante que nos patrocinó para ir a Vermont, regresó con nosotros a la cabaña, ya que ella se había ofrecido a encender un fuego y preparar la cena para darnos tiempo a relajarnos.

Cuando miraba al lago, noté lo que al principio pensé era una estrella muy brillante. Mientras la observaba más de cerca, pude ver que estaba oscilando y emitiendo una secuencia de luz en azul, rojo, verde y amarillo. Cuando me concentré en el cielo nocturno, Abby vino desde atrás. "¿Logras ver esa estrella brillante?" Yo pregunté.

"Oh", dijo ella, "¡eso no es una estrella!"

"No".

Ella se quedó sin aliento, "¡Es un barco! ¡Oh por Dios, mira eso!"

Nos detuvimos por unos momentos tratando de procesar lo visto, comparando notas. "¿Ves la luz roja? ¿Viste eso? ¡Oh Dios mío, nos está señalando!"

¡Así que allí estábamos, contemplando esta incrédula escena, convencidas de que en realidad estábamos viendo evidencia de comunicación galáctica en la tercera dimensión! ¿Qué hicimos? Teníamos hambre y frío y entramos en la cabaña para encender el fuego y cenar. Como si hubiéramos solo visto un gran pez en el estanque o si hubiésemos tenido un encuentro cercano, tan normal como ver un búho o un alce en el bosque. Pero, de hecho, nunca pude ver un alce.

Durante la noche, verificábamos de vez en cuando para ver si se había ido, pero a medida que pasaba el tiempo y las constelaciones parecían moverse por el cielo, la nave no.

Después de cenar, Abby anunció que había otros presentes que la necesitaban para hablar con nosotros. Nos sentamos y esperamos escuchar lo que ella tenía que decir.

Desde su Recalibración, Abby había experimentado un aumento fenomenal en sus habilidades para conectarse y ahora ella era lo que se define como un canal de múltiples vectores, capaz de comunicarse e interactuar simultáneamente con seres en múltiples dimensiones. Abby estaba emocionada ante la posibilidad de canalizar información para nosotros.

Ella dijo que había seres de la Mesa Redonda Acturana presentes, junto con varios arcángeles, y Elohim, en particular, un ser elevado llamado Raffe.

Yo no me había dado cuenta de su presencia en Marconics hasta ese momento.

Comenzaron agradeciéndonos el trabajo que habíamos realizado hasta este punto, asegurándonos que incluso en tan poco tiempo Marconics había tenido un cierto impacto.

Nos preguntaron si consideraríamos hacer una lista de entre diez y quince cosas que podríamos cambiar en nuestras rutinas diarias, que podrían mejorar nuestras vidas de alguna manera, cosas que nos ayudarían a convertirnos en mejores recipientes para aumentar las frecuencias de luz más altas.

Luego, cambiaron rápidamente de tema.

Nuestro compromiso.

Necesitaban saber hasta qué punto estábamos preparadas para comprometernos con Marconics y el trabajo que veían en el futuro, que creían que implicaría un sacrificio de para de nosotros.

Preguntaron: "¿Qué necesitan para que puedan hacer este trabajo? ¿Dónde están sus límites? ¿Hasta qué punto están preparadas para comprometerse?"

Lo clarificaron diciendo: "Le aseguraremos que sus familias siempre estarán a salvo. Siempre tendrá las tierras sagradas donde viven y el santuario de su hogar al cual regresar. Pero las vemos viajando y queremos saber sus límites con respecto a esto. "

Parecían necesitar una respuesta en el momento, y yo tenía más preguntas, como: *¿Conocen mis circunstancias personales? Mi familia está dispersa. ¿Hasta dónde llega la protección de la cual se refieren?*

El Elohim Raffe parecía estallar: "No asumas que no te conocemos; te conocemos mejor que te conoces a ti misma".

Abby dijo que Raffe y yo teníamos karma.

Más tarde, llegaríamos a saber a qué se refería con esa declaración, pero en el momento me sentí callar. No estaba preparada para tomar ninguna decisión o aceptar nada sin considerar esto más a fondo. ¿Qué significaría esto realmente para nosotros y nuestra familia? ¿Qué estábamos poniendo en la línea, personalmente? Necesitaba tiempo para pensar y necesitaba saber que se podía confiar en Abby como un canal puro.

Quería tiempo para verificar con mis guías. Necesitaba confirmación para poder confiar en lo que estaba escuchando.

Raffe habló cuando Abby hizo un gesto con la mano. "Estoy esperando que esto se aclare ..." como si se estuviera refiriendo a la acumulación de energía probablemente creada por nuestra reacción y resistencia.

Finalmente, anunció que se iría y regresaría nuevamente para escuchar nuestras respuestas sobre el tema del compromiso.

Llegó otra energía más liviana, que afectuosamente conocimos como "el chico de la oficina". Parecía avergonzado y se disculpó por la situación.

Explicó que Raffe era una energía extremadamente alta, y nos pareció obvio que el empleado de la oficina había sido elegido para trabajar con nosotras. Dijimos buenas noches a Abby; aun podíamos ver la nave sobre el lago.

Antes de dormir, continué leyendo el libro que había traído conmigo.

En la forma sincrónica del Espíritu, la página se abrió a un pasaje que hablaba sobre cómo discernir entre la verdadera voz del Espíritu y la energía tramposa.

Cuando cerré los ojos para dormir, una luz azul llenó mi visión, y las caras comenzaron a aparecer. Eran caras masculinas en apariencia con miradas oscuras y melancólicas. Los estudié y me di cuenta de que había visto al menos una de las caras anteriormente. Disfruté la pantalla caleidoscópica y me quedé dormida.

En algún momento de la noche, escuché las palabras: "Abby es tu verdadero norte".

Mi primera confirmación.

A la mañana siguiente, me levanté cuando aún estaba oscuro. El barco estaba exactamente donde lo habíamos dejado. A medida que amanecía y estábamos haciendo yoga en la sala de juego, la luz azul apareció nuevamente, y logré ver el mismo rostro masculino. (Aprendí que esto era Raffe). Sonreí y dije buenos días usando mi voz interior, mientras me levantaba y estiraba mis brazos sobre mi cabeza. Abrí mis ojos. La cara y la figura azules estaban frente a mí, translúcidas como un fantasma que se desvanecía rápidamente. Este fue un nuevo desarrollo.

Las hojas de cobre sobre el abedul plateado parecían etéreas a la luz nítida y como una pintura en acuarela en constante cambio. Cada matiz en el cielo alteraba los reflejos en la superficie vítrea del lago.

Cuando el amanecer dio paso al cielo azul, estas luces ya no se podían ver.

En cambio, había una pequeña nube lenticular exactamente en el mismo lugar en el cielo. Una nube lenticular es un fenómeno que generalmente solo se ve en los picos de las montañas, como el monte Shasta o Katmandu, relacionado con condiciones meteorológicas únicas específicas de las cadenas montañosas. Esta pequeña nube lenticular estaba en capas, como un eco continuo de sí misma, y se encontraba a la derecha de la ladera de las colinas que bordeaban el lago. Era diferente a cualquier otra formación de nubes del alrededor.

Tomé fotos con mi iPhone mientras cargábamos el auto para ir a nuestro segundo día de enseñanza. Luego, cuando salí de la cabina, miré el cielo, y no había ninguna señal de que hubiera habido nada allí. Me quedé mirando el cielo donde habíamos presenciado el espectáculo y dije en voz alta: "Vamos. Muéstramelo otra vez. Solo una última vez más".

Un momento después, una forma plateada de platillo apareció exactamente en el mismo espacio. Tomé otra foto. Confirmación número dos.

Esto significa que respondieron a mi solicitud telepáticamente o por alguna otra forma de dispositivo de contacto. Una clasificación de encuentros cercanos con extraterrestres, de acuerdo al investigador estadounidense de ovnis J. Allen Hynek, es registrado en los Encuentros Cercanos de Primera Clase al uno poder ver ovnis. La evidencia física de un OVNI se clasifica como Encuentros Cercanos del Segundo Tipo, y así sucesivamente. La comunicación telepática que resulta en una respuesta se clasifica como Encuentros Cercanos del Quinto Tipo.

Estábamos en plena naturaleza mientras conducíamos sobre la ruta hacia nuestra clase; Todo estaba bien con el mundo, éramos bendecidas, y parecía que nada podía salir mal.

Cuando la gente comenzó a llegar a clase, un estudiante se me acercó tímidamente. Ella dijo: "Me siento muy avergonzada de venir a ti con esto, pero mis guías me dijeron que te trajera este libro. Se supone que debes leer esta página, y no sé por qué".

El libro se llamaba *Una Guía para el Alma Avanzada (A Guide for the Advanced Soul)* y ella lo abrió a una página que había marcado.

Hablaba sobre la importancia del compromiso, diciendo que, hasta el punto de rendición y compromiso total, la energía siempre estaría restringida. Si bien todavía existía una oportunidad para cambiar de rumbo o retirarse, nunca podría ser realmente efectivo. Advertía que los mejores planes fracasaron debido a su vacilación basada en el miedo. Pero cuando uno realmente se compromete, se liberan las energías providenciales, y el universo se esfuerza por mover el cielo y la Tierra en sincronización para ayudar a alcanzar el destino.

¡Nos reímos a carcajadas!

Confirmación número tres.

Al final de la clase ese domingo, los guías nos dijeron que portales se habían abierto en la iglesia, y que los ángeles estaban limpiando doscientos años de karma entre la iglesia y la comunidad local. Esta fue la primera vez que nos dimos cuenta del trabajo energético que se lleva a cabo cada vez que los practicantes de Marconics se reúnen y se pueden mantener vibraciones más altas. La Tierra tiene que eliminar la energía negativa atrapada debajo del manto antes de que pueda volver a la quinta dimensión. Este trabajo disminuye la necesidad de movimientos y eventos de la Tierra más dramáticos.

Llegamos a la cabaña más tarde esa noche con un sentimiento de gratitud y satisfacción al saber que Marconics había sido de utilidad.

Cuando regresamos a la cabaña, la nave estaba aún más abajo y más cerca de la casa que la noche anterior, girando en silencio, oscilando y parpadeando- amarillo, rojo, azul y verde. Sentí en ese momento el intenso amor de un padre protector que saludaba con orgullo. Donde sea que estemos, a donde sea que viajemos, siempre estaremos en casa.

Esa noche, pidieron volver a hablar con nosotros. Esta vez la energía que vino fue femenina. Ella dijo que era el Elohim La Gracia y que se había decidido que ella debía supervisar Marconics desde este punto. Bromeamos y preguntamos si Raffe había sido despedido. Ella sonrió y dijo que a veces les resultaba difícil traducir el lenguaje. Ella explicó que, debido a la limitación del lenguaje, una energía femenina podría ser más fácil para nosotras. Le pregunté si Raffe todavía estaba allí, y ella dijo: "Sí."

Le dije: "Raffe, tal vez tú y yo deberíamos cenar juntos algún día y ver si podemos aclarar este karma". Yo estaba, por supuesto, bromeando.

Él contesto: "Ya se ha equilibrado". Le di las gracias.

Estaba empezando a recordar cosas que no sabía que sabía sobre el Elohim y he hice preguntas, sabiendo que otros en la habitación no sabían nada de estas. De esta manera, pude confirmar el canal de comunicación y la información.

Les pregunté si eran humanoides y me dijeron que sí. Comprendí que habían diseñado el vehículo físico humano tal como lo conocemos hoy, y comencé a recordar memorias de mi propia participación en el diseño del cuerpo humano. Le pregunté a Gracia si había habido una competencia antes de que se eligiera el diseño humano final, y ella confirmó que si había habido uno y que había habido un ganador.

Pregunté si los Elohim eran seres espirituales. Gracia confirmó que, como creador dentro de este universo, no era necesario que fueran espirituales en la forma en que somos. La espiritualidad había sido diseñada para animarnos (a nosotros, los niños) a alcanzar siempre las más altas y mejores expresiones de sí mismo.

Finalmente, después de muchas preguntas, Gracia me dijo: "Entendemos el motivo de todas tus preguntas, teniendo en cuenta quién es su alma suprema ..."

Inmediatamente pregunté, "¿Quién es?"

Abby sacudió la cabeza lentamente, para indicar que no iban a impartir esa información.

Entonces Gracia me dijo: "Hay seres aquí, cuyo todo lo que hemos hablado, son solo historias para ellos. Así que concluiremos esta conversación ahora, y hablaré contigo otra vez, Alison, cuando estemos solas".

*　　　*　　　*

Boston, Massachusetts, fue solo nuestro quinto evento. Fue el siguiente después de Vermont y el primero donde los pre-registros casi habían llenado la clase. Casi tuvimos que pedir a la gente que eligieran otro evento.

Llegamos tarde en el día, sabiendo que teníamos que prepararnos para la conferencia esa noche. La casa era antigua, parecía pertenecer a un siglo anterior y estaba apartada de la carretera; no nos fue fácil de encontrar. La energía era rara.

Cuando nos instalamos en el lugar, la energía me generó una ansiedad profunda, y me encontré en el baño caminando y hablando en voz alta.

"No puedo hacer esto. Me siento tan extraña. No puedo hablar esta noche. ¡Simplemente no puedo hacerlo!"

Escuché a mis guías decir: "Cuando todas las personas lleguen, la energía aumentará, y nada en esta casa puede quedarse".

Y así fue.

La energía de esa noche era tan poderosa que estaba creando una enorme limpieza para los que estaban en la sala. Mientras estaba demostrando el protocolo de energía, me di la vuelta, y la habitación parecía haberse llenado con más gente quienes estaban parados en la parte de atrás de la habitación. La gente había enviado mensajes de texto a sus amigos diciendo: *¡Deja lo que estás haciendo y ven aquí!* Y lo hicieron.

Eran las 10:30 de la noche para cuando todos se fueron. Muchos se quedaron tarde hablando emocionadamente, mientras otros se inscribieron para recibir Recalibraciones, y algunos se registraron previamente para el evento anual que teníamos en Martha`s Vineyard, a seis semanas después.

Estábamos cansados pero feliz.

Esa noche, mientras cerraba los ojos, la luz azul que últimamente estaba viendo, dio paso a una serie de imágenes de lo que ahora sé que es nuestro equipo no terrenal. Se reunieron alrededor de mi como si me estuvieran mirando con amor y apoyo. Esa noche dormí como nunca lo había hecho en ninguno de mis otros eventos.

El primer día de entrenamiento salió bien. Pero la energía parecía más fuerte de lo que habíamos experimentado en los eventos anteriores. Fue bastante incómodo para mí. Entendí que la gente estaba experimentando una limpieza masiva, a medida que se despejaban de su karma, simplemente por estar en la habitación. Dos personas tuvieron hemorragias nasales por primera vez en sus vidas debido a las activaciones de la glándula pituitaria. Estamos siendo atendidos caso por caso.

Esa noche, una vez que tuvimos la casa para nosotros solos, nos sentamos con Abby mientras se conectaba en un canal claro con nuestros guías. Esa noche tuvimos una conferencia con pleyadianos y sirianos.

Nos agradecieron como siempre lo hicieron. Luego continuaron diciendo cómo Marconics ya estaba influyendo el proceso de Ascensión. El impacto que había tenido en el progreso del Cambio había hecho una diferencia cuantificable del 1 por ciento. En mi mente, calculé que el 1 por ciento eran aproximadamente ocho millones de personas en un planeta de 7.5 billones. Ellos aclararon. "No el planeta, el universo mismo".

"Todo en el universo está cambiando, no solo en este planeta. Hay seres en todo el universo y también en los universos vecinos que simplemente están esperando que llegue la energía de Marconics".

Hablamos un poco de los Pleyadianos y el Elohim, y se explicó que los Elohim son los creadores de todos: los Pleyadianos, los Acturianos, los Sirianos, y unas 2,500 especies diferentes incluidas en la Federación Galáctica de la Luz. Todos se enfocaron en llevar la Tierra a la luz.

La Recalibración de Marconics estaba en su segundo día, y estábamos comenzando a obtener información de las experiencias individuales de las personas. Lo más interesante para nosotros fue una mujer que no había podido asistir a la charla del viernes por la noche y, por lo tanto, no había oído nada de lo que se podía esperar. Ella dio una descripción de su experiencia:

"Pude sentir que mis ojos se movían y luego mi cuerpo, me dije a mi misma- déjate ir, relájate. Luego sentí una gran presencia a mi lado, un hombre, el cual yo vi. Él estaba allí. Luego, mi cuerpo comenzó a moverse más y más. Sentí que mis brazos se alzaban sobre mi cabeza. Y mi cuerpo se está moviendo y, a medida que avanzaba, recibí regalos. Una bola de luz se colocó sobre esta mano y luego otra bola se colocó en la otra. Luego este ser me levanto de la mesa. Mis rodillas estaban levantadas, mi pecho estaba levantado y yo simplemente estaba colgada en el aire. La energía atravesaba a través de mí y mi cuerpo reaccionaba locamente sobre la mesa. Luego recibí una pelota grande y enorme. Me sentí como si estuviera en la Vía Láctea. Parecía que podría ser lo que sería la Vía Láctea, todo esto se estaba moviendo. Fue increíble. Nunca antes había experimentado algo así.

"Miré un video en YouTube antes de venir aquí, aunque pensé que era un poco exagerado, pero no es exagerado en absoluto. No puedes controlar los movimientos de tu cuerpo; simplemente te conviertes en un fideo y dejas que ellos hagan su trabajo. Increíble, increíble, increíble ".

Experimentamos otro caso de una mujer que fue levantada de la mesa a una posición que sería muy difícil hacerlo por sí misma. Una vez allí, ella sostuvo y sostuvo esa position por varios minutos. Pude, con su permiso, instalar una cámara y capturar imágenes de esta reacción extrema. En un momento dado, no había nada sobre la mesa, excepto su cadera. Ella levantó las piernas y las puso sobre el aire al mismo tiempo, poniéndose en forma de V. Ella tenía problemas de espalda. Ella parecía torcerse en el cuello y la cintura mientras de alguna manera la ajustaban. Al final de la sesión, sellé el campo de energía, como solemos hacerlo, pero me explicaron que la sesión no había terminado y que debía poner mi mano sobre la otra, con mis dedos apuntando a su corona. Ella continuó haciendo contorsiones durante unos minutos más.

Otro caso ese fin de semana fue una mujer que parecía tener una mente lógica y analítica muy fuerte. La desconfianza era su defecto. La primera mitad de su Recalibración la había dejado sin mucha impresión. Tanto que había creado dudas en la mente del profesional que había realizado su Recalibración ese día. Pero por casualidad, pasé junto a ella mientras ella salía de su segunda sesión. Ella pasaba las manos por todo el cuerpo, como si se estuviera recalibrando. Ella dijo entonces, "Esto es tan maravilloso. No sé lo que estoy haciendo. Esta no soy yo, pero no puedo dejar de hacerlo, ¡y se siente tan maravilloso!"

Pero el caso del que más aprendí fue un estudiante que también era chamán. Después de su experiencia en la mesa, se había ido a casa para viajar a los reinos inferiores y encontrarse con su ayudante espiritual, un perro. A su llegada a los reinos inferiores, descubrió que todo estaba muerto. El perro estaba acostado en el suelo. El hombre fue hacia él, diciendo: "¡Vamos, levántate, tenemos que irnos! ¡Hay cosas que hacer!"

El perro levantó la cabeza y dijo con tristeza: "Pero ya no me necesitas más". Te has graduado y debes seguir con el siguiente nivel de guía espiritual. El chamán podría volver a ver a sus otras guías espirituales, pero solo como amigos o miembros de la familia. Ahora estaba conectado a la Fuente y debía usar esta guía propia.

Esto también fue cierto en el caso de una mujer que canalizaba ángeles y escribía sus mensajes en un blog. Los ángeles le dijeron que se graduaría ahora a otra facultad de guías, que ellos solo eran contratados para ayudar a los hombres de la tercera dimensión. Sus escritos cambiarían y serían de mayor vibración, atrayendo a lectores de igual vibración.

Ambos informaron más tarde que sus vistas habían mejorado. Ella volvió a usar un par de anteojos viejos dándole una mejor visión que el par actual. Y él condujo todo el camino a casa antes de darse cuenta de que no había usado sus lentes en absoluto.

Otros cambios físicos reportados por los estudiantes fueron la sensación de ser más alto, o estar más erguidos, o vestirse de forma diferente, a tener ciclos menstruales en mujeres que estaban en la menopausia. Yo fui una de estos casos. Según el médico, esto es una indicación de que la glándula pituitaria está funcionando. Elegí no continuar con los ciclos y, con mi intención, los cerré poco después. Otros optaron por seguir experimentándolos.

Muchas personas informaron que los dolores y las molestias habían desaparecido repentinamente y que estos no habían regresado, incluso en casos severos, como lo es la fatiga crónica.

Uno de los casos más conmovedores para mí, fue una mujer con esclerosis múltiple que había estado en una silla de ruedas durante dieciocho años. Su condición era tan severa que sus piernas estaban paralizadas. Ella no podía usar ni sus brazos, ni sus piernas. Ella vino para una Recalibración mientras su hermana aprendía el protocolo "No-Contacto". Durante su Recalibración, el practicante se puso a llorar cuando las piernas lisiadas de esta mujer de repente comenzaron a levantarse y moverse en el aire sobre la mesa. Esto continuó durante toda la tarde, mientras ella estaba sentada en una silla de ruedas observando a su hermana en la clase.

*   *   *

No todos tendrán una experiencia física tan profunda. Somos personas únicas, y por lo tanto cada uno experimentará distintas experiencias. Las personas responden de acuerdo a su desarrollo espiritual personal. Algunos están mejor capacitados para recibir experiencias como estas porque ya lograron un cierto alivio emocional. Aquellos que vienen con más 'equipaje' han creado más densidad. La pérdida de densidad puede ser considerablemente más incómoda, como lo he experimentado personalmente.

Marconics *mejora* el vehículo biológico para la Ascensión del cuerpo humano, lo cual es necesario si el cuerpo debe conservar su integridad y mantener el alma en dimensiones de densidad más altas.

Tras la Recalibración, el cuerpo sufre una metamorfosis a medida que los códigos desactivados dentro del ADN se activan para volver a despertar características, rasgos y atributos esenciales para la supervivencia en las dimensiones superiores.

Marconics es una conciencia evolutiva, es la ciencia de la luz y el sonido de la conciencia y la creación. Es la modalidad de la cual los Pleyadianos hablaron en el 2012, y es de lo qué J.J. Hurtak se refiere a *Las Claves de Enoc* como radioastronomía.

Marconics es la gama completa de rayos y es, por lo tanto, de naturaleza multidimensional.

Los cuerpos sutiles con los que hemos trabajado como curanderos antes de 2012 han sido contenidos en un sistema de energía sostenida por los siete chakras (principales). Estos chakras fueron minimizados en la columna vertebral al final del último ciclo de 26,000 años.

Los chakras en forma de cono o de trompeta fueron reducidas aún más con los tapones de bioplasma, los cuales atrapan nuestras experiencias a medida que las procesamos con este sistema limitado. Esta congestión crea los restos kármicos que nos mantienen en densidad para la experiencia de la tercera dimensión.

En este sistema, la energía se extrae a través del núcleo del cuerpo y se derrama de la corona y desciende de nuevo en un ciclo que crea un toro de energía. Pero este toro es un sistema cerrado, un toro de energía finita en un campo cuántico finito, que, con el tiempo, como cualquier estrella, se debilita y consume.

El planeta mismo también existe en un campo cuántico cerrado de energía, que eventualmente se consumirá si la Tierra no regresa al núcleo galáctico y completa su Cambio.

Esto es lo que se conoce como *un sistema en caída*.

Esto es lo que significa el término seres caídos. Nosotros como seres espirituales (Espíritu que se manifiesta en forma y se re-encarna) que ya no estamos conectados a la Fuente de energía a través de un toro. A medida que continuamos reencarnando dentro de la matriz de tiempo, dentro del propio sistema de campo cerrado de los planetas, eventualmente nos volveremos débiles y no podremos manifestarnos en forma física.

Las líneas vibratorias dentro de la red del cuerpo de la quinta dimensión han sido desconectadas de la matriz del planeta cristalino cuando este proyecto tridimensional comenzó, haciéndonos esclavos a la experiencia tridimensional, la cual era necesaria para manifestarnos en este plano. La

Recalibración de Marconics recreará el toro abierto en el vehículo humano y nos permitirá reconectarnos con la Energía de la Fuente, o el núcleo galáctico, a través de líneas vibratorias en la red del cuerpo de la quinta dimensión y el sistema axiatonal del universo. Al recibir una Recalibración, se conecta el ser a la red cristalina recién completada y a la red de la Tierra, restaurando el movimiento libre de los ejes de las doce dimensiones.

El proceso integrado de unificación de los chakras, dentro del protocolo de Recalibración, libera al ser de sus creaciones kármicas y activa un nuevo sistema de veintidós chakras. El sistema de veintidós chakras incluye los chakras galácticos, que facilitan la comunicación con nuestras familias galácticas a medida que regresamos al núcleo galáctico, y la puerta hiperdimensional pineal, o Puerta Estelar, que es un portal interno a través del cual viajes multiterminales ocurren.

El ADN de doble hélice dará los doce, veinticuatro o cuarenta y ocho hebras, dependiendo del origen del ser encarnado.

La reconexión con las redes cristalinas y telúricas simplemente ha sido la preparación necesaria para esta fase. Ahora sabemos que la reconexión de un individuo al sistema axiatonal ocurre en el momento en que el practicante de Recalibración de Marconics entra en su campo energético.

La Ascensión está ocurriendo ahora, a través de los canales de Marconics, vía la integración progresiva de seres superiores (los cuales son las identidades multidimensionales u otras versiones de uno mismo) existente en otras dimensiones del espacio-tiempo. A medida que cada ser superior desciende y se une con el vehículo encarnado, trae consigo atributos de Divinidad, rasgos y características actuales, carentes de la forma humana, e introduce en el vehículo biológico una banda ancha de resonancia, lo que eleva el ser encarnado a un nivel de vibración, creando el epítome de la analogía de la escalera de Jacob.

Estas integraciones traerán una gran salud y vitalidad, así como características de personalidad que están diseñadas para permitir al ser encarnado en una evolución espiritual acelerada.

Los guías no dicen que nada acerca de esta etapa debe sonar como un "día de spa" para ti.

El camino de tu vida se abrirá como una compuerta, y tendrás que estar parado completamente en el flujo divino de esas aguas o corres el riesgo de que te caiga sobre las rocas en el lecho del río. Sin embargo, no te ahogarás, a menos que este sea tu deseo, por supuesto.

Tus habilidades de manifestación agudas, la forma en que impacta el camino de los potenciales infinitos y tu realidad, creará nuestro nuevo mundo.

Tu Ascensión está en tus manos.

Capítulo 10

Yo Soy Tú

Nota en mi diario:
Elohim La Gracia llegó a mi cuerpo hoy
justo después de las 2 de la tarde.
3 de abril del 2014.

*   *   *

Fue justo después de las 2:00 de la tarde, sentí una abrumadora necesidad de tomar una siesta. Cuando me estaba acostando, sentí que la energía de la Federación Galáctica pesaba en mis extremidades, y los tonos en mi oído eran casi auditables, pero aún no se podían traducir.

Me mostraron una breve imagen del baño que había usado en la casa de Florida dos semanas antes y el espejo en el que solía maquillarme. Pero lo estaba viendo desde el otro lado, como si estuviera detrás de la pared. Gracia se miraba en el espejo y se preparaba. Se veía alta y atlética, con el pelo largo y de color claro y recogido en una sola trenza. Había una mochila en el suelo junto a ella, y estaba vestida con el tipo de equipo que se esperaría que un reportero de noticias llevara a una zona de guerra.

Sentí que su energía entraba a mi corona y comenzaba a llenar todos los rincones y grietas de mi cuerpo mientras descendía en espiral hacia abajo. Cuando llegó a mis piernas, sentí que se levantaban de forma independiente, como si me estuviera poniendo unos vaqueros mientras yacía de espaldas.

Yo dije: "¡Gracia! ¿Eres tú?" La energía pareció aumentar con la confirmación, como un viento que sopla a través de los árboles. Le dije: "¡Feliz cumpleaños, Gracia! ¿Estás cómoda?" La energía subió y bajó como aliento en mí.

No me pude mover. Traté de despertarme cuando escuché pasos en la casa y caminar directamente a mi habitación. Luego grite: "Chris, ¿eres tú?" Él no respondió. "¡Tienes que decirme si eres tú! ¡No puedo ver! "Todavía no escuchaba ninguna respuesta. ¡Quería decirle que Gracia estaba aquí!

Medite más profundamente y me acordé de estar en otra parte, en otra casa, en un dormitorio decorado como en los años setenta: un montón de telas florales brillantes, una colcha dorada en la cama. Recordé haber pensado, a Gracia le encanta el *color oro*. Entonces me di cuenta de que habíamos estado juntas en otras vidas. ¿Fue esta vida? Era todo tan real, tan tangible. Recogí las cosas y las sentí bajo mis manos, estaba decidida a recordar que había estado allí.

*   *   *

La integración de Gracia ocurrió dos semanas después de que regresáramos de Florida. Había canalizado el Elohim, por primera vez unas semanas antes en un evento en Boston.

Desde entonces, la vibración había causado que mis manos se quemaran. Comenzó con una erupción roja y caliente de manchas que parecían una desintoxicación de algún tipo. Luego fue una picazón, como nada que hubiera experimentado antes. Agarré mis manos y las puse sobre hielo. Pero aun así se hincharon y se rompieron en ampollas que parecían quemaduras de radiación.

Era tan intenso el dolor cuando volamos a Fort Lauderdale, en Florida, para una exposición, que apenas podía llevar algo con mis manos, ya que la piel de mis manos se rasgaba y sangraba.

Me senté junto a mi cama a las cinco de la mañana, a punto de tirar la toalla. Hablé en voz alta a cualquiera que pudiera oírme, y estaba totalmente enojada.

"No puedes dejarme así. No puedes alejarte de mí e ignorar lo que está sucediendo aquí. Debes hacer algo. ¡Sé que puedes hacer algo!"

Volví a la cama y me dormí. Cuando desperté, estaba mirando una imagen de lo que parecía ser una pistola láser alargada. Debajo de él estaban las siguientes palabras: *Reanudar la Modulación de Frecuencia.*

Miré las palabras con mucho cuidado. Iban a dividir el rayo para que no tuviera que experimentar el efecto completo de ello. Sentí alivio por primera vez en semanas. Sin embargo, ahora otros en la casa se quejaban de picazón y ardor.

Gracia dijo que, debido a las quemaduras, se ha decidido que ella debía entrar en mi cuerpo antes de lo planeado. ¿Entrar en mi cuerpo? No sabía cómo me sentía al respecto. "¿Qué quieres decir? ¿Como un caminante (walk-in)?"

"No. No es un caminante. Eso requeriría que una energía diferente entre y ocupe espacio en tu cuerpo. ¡YO SOY Tú! YO SOY tu alma superior. Somos la misma energía. Simplemente nos uniremos, partícula por partícula".

Ugh. Esto no sonaba como si fuera a ser fácil. Estaba un poco harta de estar incomodidad. "¿Dolerá? ¿O me enfermará?" Pregunté débilmente.

Puede que haya sonado un poco quejumbroso, porque Gracia dijo: "¿Te das cuenta de qué *honor* es este?"

Pensé por un momento y dije: "Bueno, en realidad no, no lo hice. No del todo, solo soy yo, Alison". Luchaba por aceptar lo que Gracia había estado diciendo durante semanas, que ella era mi yo superior y que esta vez vería la integración de los humanos que estaban listos para recibir su ser superior. Ella era *yo*. Yo era una parte de su energía encarnada en la superficie del planeta. Ahora ella necesitaba venir a la Tierra para dirigir el futuro de Marconics. Este fue el contrato que había hecho; esto iba a ser como las cosas iban a suceder, aunque en última instancia era mi elección.

"¿Puedes hacerlo gentilmente?" Supliqué.

Gracia explicó que mi vehículo estaba luchando contra las crecientes frecuencias de Marconics para las cuales yo era el ancla en el planeta. No estaba planeado que ella entrara en este momento, y sería igualmente incómodo para ella también. Pero si iban a resolver el problema de la destrucción potencial de mi cuerpo, tenía que ser pronto.

Ella se quedó en silencio por un momento y luego dijo: "Tu solicitud ha sido escuchada. Lo haremos lo más gentil posible".

Ahora, dos semanas después, Gracia estaba adentro de mi cuerpo. Este es el mensaje que ella trae:

> *¡Esta es la hora!*
>
> *Ahora estamos en el nivel tres en un gradiente de ascensión de ocho etapas.*
>
> *Nuestros Trabajadores de la Luz han estado preguntando: "¿Cuándo vendrás a salvarnos?"*
>
> *Bueno, estamos aquí. ¿Dónde están?*
>
> *¿Saben que este intento de llevar a tu planeta a la luz ha fallado seis veces antes, que este puede ser el último intento que podamos hacer juntos?*
>
> *¿Creen que tienen todo el tiempo del mundo, porque el tiempo no existe? ¿O que pueden enfocarse en salvar a la humanidad los fines de semana, pero en la semana otros asuntos más urgentes necesitan su atención? ¿Es esto lo que realmente creen?*
>
> *¡Pregúntense ahora mismo! ¿Qué es más importante? ¿Qué contará realmente contra la evolución de sus almas al final?*
>
> *El tiempo no es lineal, es cierto, pero fijaron recordatorios y metas en diferentes cruces donde las líneas de tiempo se cruzan en sus caminos, y dijeron: "En este punto, necesito estar aquí ... haciendo esto ..."*
>
> *Esto es lo más lejos que la humanidad ha ido en el proceso de ir a la luz, y algunos de ustedes están rozando las narices de aquellas fuerzas que se oponen a cada uno de sus movimientos. A ustedes, les decimos que aplaudimos su elección de alinearse con la luz en todo momento, pero en esta energía, publicar fotos de ángeles en Facebook ya no es suficiente.*
>
> *Es hora de situarse y arrancar.*
>
> *Es hora de poner a los soldados de infantería en el suelo.*
>
> *Es hora de que nazca la raza avatar.*
>
> *La jerarquía espiritual ha sido muy suave en el intento de animarlos a salir de sus establos, pero la carrera está en marcha y ya se están quedando atrás.*

Gran parte de lo que se ha llevado a creer acerca de la espiritualidad en su dimensión se diseñó para esa experiencia. La verdad es más pragmática. Hay una guerra fangosa y sucia, y lamentamos despertarlos de sus sueños, pero el enemigo está en la puerta.

No, no han leído esto antes ni lo han escuchado a través de otros canales, porque no todos están destinados a escuchar esto; solo aquellos que son llamados, solo aquellos que estuvieron de acuerdo. Ustedes dijeron: "Despiértanos, no nos dejen dormir".

Muy pocos de ustedes han respondido.

Desde nuestra perspectiva, sus encarnaciones son de nanosegundos. Imagínense a ustedes mismos como pilotos de automóviles de carrera acelerando alrededor de una pista. La lluvia está cayendo. Podemos pedirles que regresen sus autos a la parada para cambiar los neumáticos para toda clase de clima, o podemos detener la carrera y evitar choques al final de la meta.

(Pueden ahora salir de sus autos viejos, obtener autos nuevos y comenzar otra carrera).

Pero han estado corriendo esta carrera en particular durante tanto tiempo, y están tan cerca del final, que quieren experimentar el éxito de completarla, y nos gustaría verlos cruzar la línea de meta y disfrutar de la celebración. Pero si no van a la parada y no cambian sus neumáticos ... ¿qué debemos hacer?

El éxito de ustedes está inextricablemente vinculado con el nuestro, y todo el universo se ve afectado por el resultado de este Cambio.

La mayoría de ustedes no pueden sostener sus frecuencias vibratorias a lo largo de un día. ¿Cómo podrían mantenerla lo suficientemente alto o lo suficientemente largo como para sostener un Cambio? Ustedes necesitan asistencia, y estamos aquí para brindársela.

Pero se requiere algo de parte de ustedes. Deben venir a recibirla. Las condiciones solo se pueden proporcionar bajo circunstancias especiales donde tenemos permiso para intervenir. Y este es uno de ellos. Marconics está aquí para ayudarlos con la Ascensión.

Muchos seres hermosos están trabajando para elevar la frecuencia vibratoria en todo el planeta. Pero sin la Recalibración del vehículo humano, no se podrá sobrevivir el Cambio.

Como ustedes pueden ver, no estamos simplemente apuntando para la quinta dimensión. Esta es una estación de paso hacia todos los demás destinos.

Sabemos que les cuesta poder visualizar cómo ocurrirá el Cambio. ¿Elevarán sus vibraciones hasta que desaparezcan de la habitación? ¿Se dividirá el planeta en dos en alguna clase de división cuántica espléndida, y la nueva era comenzará, mientras que la tercera dimensión se desplazará debajo de esta? ¿Aparecerán naves en los cielos durante los movimientos catastróficos de la Tierra? Todos estos son líneas de tiempo potenciales. Pero el hecho es que no pueden sobrevivir a ninguna de estas opciones sin actualizar el vehículo humano.

A menos que estén meditando durante horas y eliminando las vibraciones más bajas asociadas con sus vidas diarias, no pueden hacerlo solos.

Podemos ayudarlos a convertirse en anclajes de frecuencias de luz de dimensiones más altas a la superficie del planeta. Se convertirán en Guardianes Avanzados, los Centinelas de la Luz del Arcángel Miguel. Establecerán la red para aquellos que vienen detrás de ustedes en los gradientes más bajos de la Ascensión. Simplemente tendrán que alinearse con el modelo que ustedes han creado. Luego, Marconics alcanzará una masa crítica, y el Ascenso será colectivo. Ustedes, nuestros Trabajadores de la Luz, son y siempre han sido nuestra mejor esperanza.

Capítulo 11

El Cielo Viniendo a la Tierra

"A los practicantes se les puede enseñar cómo facilitar el ascenso del ser y el descenso del aspecto superior para fusionarse en una vibración completamente nueva de impulsos creativos puros, de modo que ocurran paradigmas hasta ahora invisibles".
- Raffe Elohim

Tomamos un descanso durante el almuerzo y desde nuestro departamento frente a la playa disfrutamos de la brisa de la bahía en Provincentown, Massachusetts. El mar estaba en calma, y el cielo era azul claro, excepto por una pequeña nube blanca. Cuando me incliné sobre el balcón para mirar al océano, pude ver que tres de las estudiantes caminaban por la orilla de la playa. Muy pronto se pararon directamente debajo de la nube. Era una nube lenticular extraña, simétrica y con forma de barco, sola, en la vasta extensión de un cielo azul profundo. No había ninguna otra nube.

Mientras la observaba, comenzó a alejarse de la vista, parecía avanzar a través de un delgado velo, y luego junto a ella emergió otra nube, exactamente de la misma forma.

Oh, esto era demasiado bueno para ser verdad. Me volví para agarrar mi cámara, pero en esos pocos momentos, la nube se desvaneció.

Mientras estaba en el balcón procesando mi decepción, la nube reapareció de repente y comencé a hacer clic y sacar imágenes con mi cámara. Quería gritar a mis estudiantes, "¡Miren!" Ya que ellas estaban directamente debajo de la nube. Pero estaban demasiado lejos para escucharme.

¿Quién era esta vez? Me senté en la silla, cerré los ojos y vacié mi mente. Inmediatamente, colores vivos en tonos de verde lima y rosa fucsia, vibrantes y eléctricos, inundó mi visión. Le pregunté "¿Quién eres?" Pero todo lo que obtuve fueron caras, humanoides, visibles a través de los filtros de luz. ¡Eran seres nuevos! No los había visto antes.

Después del almuerzo, volvimos a clase y les conté a las chicas que habían estado de pie en la playa lo que había visto. Como de costumbre, nos reímos con incredulidad y bromeamos sobre el tema.

Estaba lista para demostrar, por primera vez, el movimiento de coronación. Este movimiento fue una adición al protocolo de sanación 'no-contacto' y los guías me lo dieron cuando estaba durmiendo una noche en Florida el mes anterior. Marconics estaba evolucionando y transformándose para satisfacer las necesidades de las continuas olas de energías de la Ascensión. Este movimiento ayudaría con la integración del ser superior.

Busqué a un voluntario y vi a una mujer que conocí luego como Diane; ella ya estaba acostada en una de las mesas de masaje. Entonces, fui a ella y le ordené a la clase que se reuniera a nuestro alrededor. Cuando entré en el campo energético de Diane, mi corazón se aceleró repentinamente, y noté un aumento de energía. Me sentí obligada a detenerme y me oí comenzar a hablar.

"Algo ha cambiado desde la primera vez que estuve aquí. Creo que en este punto deberíamos detenernos y reconocer el significado de lo que está ocurriendo. Estoy en presencia del yo superior de esta persona en este momento y quiero tomar un momento para honrar eso. " No sé por qué dije eso, no tenía idea de lo que iba a suceder. Mi razonamiento fue que era Gracia quien estaba hablando.

Puse mis manos sobre la frente de Diane y mantuve la posición por unos segundos. La energía continuó aumentando. Sentí que la presión aumentaba en mi cabeza, los tonos altos en mis oídos se hicieron más fuertes, mi corazón se aceleró y sentí que mi cuerpo estaba empezando a arder. Me pregunté si debería parar. ¿Estaba a punto de desmayarme?

Abrí mis manos para rodear la cabeza y los hombros y mantuve la posición por unos segundos más.

Las energías se intensificaron, y mi respiración se volvió dificultosa. Sentí que estaba teniendo algún tipo de reacción a algo. Estaba a punto de detenerme y disculparme por no sentirme tan bien antes de avergonzarme y colapsar, pero luego escuché: *"¡No lo hagas! ¡Aguanta! ¡Aguanta!"*

Uno de los maestros practicantes en el aula me dijo: "Alison, muévete".

Me escuché responder calmadamente, "No puedo hacerlo en este momento".

Sobre la mesa, Diane comenzaba a sonrojarse y su respiración se estaba volviendo errática. Su expresión en la cara se transformó, y comenzó a moverse incómodamente y arquear la espalda.

La elevación de la frecuencia vibratoria en el espacio de mi corazón envió una ola de emoción a través de mí, una clase de resonancia a un sentimiento que solo puede describirse como una especie de éxtasis. El tono en mi oído gritó. La vibración en mi pecho era tan alta que podía sentirme luchando por acomodarla. Esto estaba causando restricción en mi garganta, y comencé a toser. Estaba claro para todos en la sala que algo iba a suceder, y nadie, incluyéndome, tenía idea de qué.

Pronto las lágrimas comenzaron a correr por mi cara. Las estaba limpiando usando mi hombro, pero sabía que no podía dejar de mantener esa posición. Oí claramente, "¡Confía! ¡Aguanta! ¡Aguanta!"

Diane se retorcía y se arqueaba sobre la mesa, y su cara parecía que se estaba retorciendo de dolor. Mientras la observaba, sabiendo que no podía moverme de donde estaba, se me ocurrió que ella podría morir allí mismo, delante de veinte testigos, y ni siquiera la estaba tocando.

De repente, la intensidad pareció aumentar cuando sentí que una presencia divina se movía a través de mí desde mi corona hasta el espacio de mi corazón. Sentí que me reconocía, y me daba una abrumadora muestra de amor que me desbordó. Luego salió de mi chakra solar y entró en Diane.

Mientras mi cuerpo se levantaba, el cuerpo de Diane se levantaba también. Observé cómo su cuerpo se sincronizaba con el mío. Nuestras respuestas fisiológicas se reflejaban mutuamente.

Cuando la presencia me dejó, sentí que la intensidad de las energías comenzaba a disminuir. Mi respiración se estaba calmando y los sistemas de mi cuerpo volvían a la normalidad. Pero Diane todavía estaba en el proceso de recibir en su cuerpo una energía muy alta. Así que espere y espere. Entonces escuché: "Este es el nacimiento de la raza avatar".

Con el tiempo, los síntomas de Diane empezaron a disminuir y sentí alivio al saber que todo había tenido éxito. La besé espontáneamente. Las dos sabíamos en ese momento que habíamos compartido algo trascendental y tan hermoso, como el nacimiento de un bebé. Todos en la sala estaban llorando. Un estudiante se acercó a Diane y le dijo: "¿Puedo recibir un abrazo de Dios?"

Diane se incorporó y le dijo que todo le parecía diferente. Ella describió que nos veían de manera diferente y dijo que podía percibir la conexión de todo lo que la rodeaba y su profundidad. Estaba agotada y se acostó en un sofá con una manta encima mientras nosotros la vigilamos atentamente.

Me sorprendió el nivel de shock y el deseo de una explicación de lo que había ocurrido, pero pronto recibí la explicación que buscaba.

Gracia se dirigió a la clase en una sesión canalizada al día siguiente. La nave había contenido una raza de seres que se referían a sí mismos como los Liberadores. Dijeron que estaban presentes cada vez que se hacía una transición a este mundo, ya sea como un bebé o, en este caso, una mayor integración del alma.

Todos podríamos sentir la frecuencia. Era como estar en la sala de espera de un hospital.

A medida que los estudiantes anclaban la energía en esa sala, habían creado un espacio seguro que permitía la unión de dimensiones para el viaje del alma superior y el descenso hacia el ser encarnado.

Esta había sido un contrato entre Diane y yo, para ser los primeros testigos. Fue un gran momento de enseñanza.

En nuestro camino a casa después de este evento, canalicé a Raffe, la flama gemela de Gracia.

Él dijo lo siguiente:

"Lo que sucedió hoy es una apertura para que los seres se unan con los aspectos más elevados de la Divinidad. Para algunos, esta

será la culminación de mucho trabajo; para otros, este será otro escalón en su evolución personal.

"Incluso aquellos que no están preparados para unirse con lo que percibirían como aspectos más elevados de sí mismos realizarán un apretón de manos, si lo desean, con la presencia del Todo Poderoso YO SOY.

"Habrá un reconocimiento, un momento entre ellos que servirá como un portal que permitirá una expansión aún mayor para el ser encarnado.

"A los practicantes se les puede enseñar cómo facilitar el ascenso del ser y el descenso del aspecto superior para unirse y formar uno solo, en una vibración completamente nueva de impulsos creativos puros, de modo que ocurran paradigmas hasta ahora invisibles.

"No será necesario que el profesional juzgue el resultado. Los practicantes simplemente están facilitando el proceso (como las parteras ayudan a dar a luz).

"Puede que no sea necesario en todos los casos que el yo superior se una con el ser encarnado. Puede ser que solo se cree una conexión lo suficientemente importante como para que el vehículo físico pueda operarse de manera remota.

"Depende del propósito del individuo. Es como abrir la puerta de la cochera. El yo superior juzgará si las condiciones justifican que el automóvil ingrese a la cochera o permanezca estacionado afuera. Ambos son accesibles para el conductor.

"Esto no es algo que cada ser requerirá. Como hemos dicho antes, todos se unirán con el ser superior que reside en él o ella, y que fue elegido en esta encarnación y se ubica en el chakra número ocho arriba del chakra corona."

Raffe hizo una pausa y luego dijo: *"Es hora de atender los chakras galácticos"*. Le pregunté *"¿Cómo hacemos eso?"*

"Exactamente como se te ha demostrado. El trabajo de hoy fue como tratar de poner algo en una botella, que ya está estaba llena de agua. Los chakras galácticos actuarán como conductos de ventilación, para que lo que necesita ser evacuado lo haga a través de estos canales de escape ".

"¿Qué será evacuado, la personalidad del individuo?"

"Aspectos del ser, aspectos que no le sirven al ser o a su propósito. Aspectos que no se han podido aclarar.

"Es como limpiar la cochera antes de que el automóvil pueda entrar en él, una especie de limpieza del hogar. Es una preparación. También ayudan, una vez que la unión se ha completado, para que el aspecto superior del yo pueda mantener la conexión con los reinos superiores.

"El ser superior sería o podría ser obstaculizado si los preparativos no estuvieran completos antes de la integración. Al igual que cuando el alma es liberada en el útero, esto no es fácil para el ser superior. Si la vibración no coincide, se produce un aborto natural. En el caso del útero, hay una expulsión, un aborto involuntario. Durante la unión, sería posible que el yo superior estuviera arraigado en tal grado que no pudiera separarse sin desgarrar al ser encarnado. En ese caso, este quedara bloqueado hasta el momento en que el ser encarnado haya fallecido.

"Esto no sucederá en todos los casos. Una vez más, depende del individuo y de lo bien que esas dos energías puedan ajustarse. Incluso aquellas que no se integran en un nivel alto experimentarán expansión.

"A veces, es el momento adecuado para que la persona superior pueda entrar, pero no se sabe hasta qué punto esto será exitoso. Será una decisión del yo superior abandonar o no el intento. Es una cosa vibratoria. El yo superior es muy puro, y a veces la densidad es demasiado grande.

"Las líneas de tiempo se modifican drásticamente en un evento de este tipo, líneas de tiempo que pueden impactar paralelos de manera positiva o negativa. Esta situación no debe ser juzgada por el éxito o el fracaso".

Esta experiencia estableció el esquema de un protocolo llamado Marconics Luz Infinita Unión Yo Soy.

Parte Dos

Por Lisa Wilson

Capítulo 12

Un Nuevo Comienzo

Escuché y respondí a la llamada de clarín antes de que Gracia pronunciara las palabras.

Hay momentos en tu vida en los que puedes mirar atrás y saber que esos fueron los momentos que cambiaron tu vida para siempre. Así ha sido Marconics para mí.

Estaba experimentando un dolor de cabeza desde mi entrenamiento en Marconics, el último fin de semana de enero de 2014, y se estaba amplificando, a medida que nos acercábamos al evento de mayo en Provincetown, Massachusetts, donde realizaría una pasantía con el equipo de Marconics. Comencé a darme cuenta de que cuando había un evento de Marconics, el dolor de cabeza crónico se intensificaría a medida que el evento se acercaba y luego se aliviaría una vez que este terminaba.

Este dolor de cabeza parecía ser más fuerte de lo normal. Además de la presión característica, este dolor, el cual se había convertido en mi nueva normalidad, recorría mi espalda cada vez que levantaba a mi bebe y tenía mucho dolor. Lo gracioso era que sabía que este dolor en ambas partes de mi cuerpo era enérgico y no físico. El dolor de espalda era una liberación de miedo. El dolor de cabeza era una mayor apertura de mi tercer ojo, las glándulas pineal y pituitaria. Estaba liberando más densidad y algunas huellas kármicas antiguas, en preparación a la energía a la cual estaba a punto de exponerme. En el transcurso del evento del fin de semana en Provincetown, el dolor cambió; Se movió desde mi cuello hasta mi cadera por el costado de mi pierna derecha, y luego finalmente desapareció.

Este viaje resultó ser emocionante. Alison había compartido que tenía otro evento en la Florida. Me encontré escuchando a Alison hablando y sintiendo que los estudiantes y otros internos también asentían, dándome cuenta de que ellos también escuchaban algo diferente y específico para ellos. Esta fue la primera vez que escuché a Alison canalizar a Gracia.

Me sentí como si estuviera enchufada a una toma de corriente y alguien hubiera encendido el enchufe. Me encontré moviéndome y temblando a medida que la frecuencia y vibración de las palabras de Gracia a través de Alison resonaban en mi cuerpo físico. Nunca había experimentado algo como esto antes en mi vida.

Estaba emocionada por la porción de la clase que sería la enseñanza del protocolo, porque había habido una mejora en la energía, y la Federación Galáctica de la Luz estaba con Alison.

La coronación fue parte de esta actualización y lo presentamos como un nuevo movimiento en el protocolo. Esta fue la primera vez que los estudiantes lo vieron y la primera vez que Alison lo enseñó. Alison demostró la técnica y explicó que esto era para crear una alineación con el ser encarnado y su ser superior.

Lo que Alison y yo habíamos llegado a entender es que el concepto del "ser superior" y "alma suprema" es muy complejo. Cada vez que entendíamos un poco más, nos volvíamos más ignorantes, y encontramos un nuevo descubrimiento para desentrañar y asimilar. Los términos 'ser superior' y 'alma suprema' describen los aspectos de nuestro yo a nivel del alma que permanecen en espíritu con esta parte de nosotros encarnados aquí en la Tierra durante nuestra vida actual. Hemos estado ejecutando el juego del karma de por varias vidas, teniendo experiencias y recopilando lecciones. Nuestras almas evolucionan basadas en la gran cantidad de experiencias que tenemos y las lecciones que aprendemos a medida que avanzamos por el camino hacia la Ascensión.

Piensa que el alma superior es como un árbol. Este es el aspecto más completo del ser; el árbol se compone de raíces, extremidades, hojas, cada una con su propia experiencia única e individual, y cada una de ellas informa al árbol como un todo.

Has tenido una vida en la que fuiste un sirviente, un aristócrata, un guerrero, un campesino, donde fuiste una víctima o un abusador, y así sucesivamente. Incluso puedes comparar esto con tus experiencias en tu vida actual: cuando eras un bebé, un niño/a, a los veinte, treinta, cuarenta, cincuenta, sesenta, etc., son personalidades muy diferentes y, sin embargo, todas una.

Todos estos aspectos de ti pueden considerarse aspectos de tu ser superior. Cada una de esas vidas fuiste tú, solo aspectos de ti que tuvieron una experiencia individualizada que contribuyó a la base de conocimiento y desarrollo de su alma suprema, la cabeza de Dios en este ancho de banda armónico del universo.

Había escuchado la frase "conectarte con tu ser superior" muchas veces en mi camino a la sanación y espiritualidad. Hasta ese día en clase, nunca había considerado realmente lo que significaba más allá del valor nominal de la declaración.

Una de las estudiantes, Diane, se subió a la mesa de masaje cuando Alison pidió un cuerpo para demostrar el protocolo. Alison entró en el campo de energía de Diane, y algo cambió dramáticamente. Alison mantuvo una posición sobre la frente de Diana y luego se movió hacia los hombros. La energía comenzó a aumentar en intensidad, y uno por uno todos guardamos silencio y observamos.

Alison mantenía la posición en los hombros mucho más allá de la cuenta estándar de cuarenta tiempos. Un maestro practicante en la sala le dijo que continuara con la demostración.

"No puedo", susurró Alison. "No me puedo mover".

La vibración energética estaba alcanzando un nivel febril cuando Diana, sobre la mesa, comenzó a moverse y temblar. Su cara se puso roja, como si fuera a dar a luz a un bebe y siguió levantándose de la mesa con la cabeza y los hombros. Ella estaba empezando a llorar; parecía que ella estaba con mucho dolor.

La energía en la habitación era profunda y palpable. Observé, incapaz de apartar los ojos mientras Diane y Alison sincronizaban la energía. Había observado a Alison en otros eventos, y como ella apoyaba a los estudiantes. Compartir energía e historias personales en el transcurso de un largo fin de semana crea un vínculo entre las personas, y te encuentras escuchando y compartiendo cosas que provocan emociones fuertes. Incluso con las experiencias profundamente personales y desgarradoras que Alison había compartido con otras personas, he logrado ver su compasión, pero nunca la había visto llorar antes en un entorno profesional. Las lágrimas corrían por su rostro.

Sin embargo, Diane estaba respirando pesadamente, como si intentara llevar oxígeno a sus pulmones. Estaban respirando, llorando y moviéndose a la vez; Era como si ambas estuvieran coreografiadas, pero sabía que no era así. Lo sabía porque Diane es mi amiga; La conozco desde hace algunos años, y esta fue la primera vez que ella conoció a Alison. Yo fui quien le dijo que viniera a la clase. Luego Diane dijo que yo fui quien le dijo que se subiera a la mesa, aunque no tengo ningún recuerdo consciente de haberle dicho que hiciera eso.

Uno podría haber oído caer un alfiler. Esperaba con gran expectación que Diane gritara, "¡Basta!" pero ella no lo hizo. Después de lo que pudieron haber sido sesenta segundos o dos horas, la energía se calmó. Realmente no lo sé porque, pero sentí que estábamos suspendidos en el tiempo. Finalmente, la energía se calmó, y Diane abrió los ojos.

"Todo se ve diferente", dijo ella.

Alison y Diane se abrazaron y se besaron en las mejillas, el resto de la habitación comenzó a respirar de nuevo y el tiempo se reanudó. Otro estudiante se acercó y le preguntó a Diane: "¿Puedo recibir un abrazo de Dios?"

No se podía negar que todos éramos testigos de una evolución en el proceso de sanación; habíamos dado un paso más allá de la curación. Esto es lo que se conoce en Marconics como "el nacimiento del avatar". En ese momento, no sabía que estaba presenciando una integración de un alma superior. Era consciente de que la vibración en la habitación me hizo quedarme inmóvil. La presencia de tantos seres hizo que la energía se espesara, y la intensidad de lo que sucedió realmente me conmovió hasta las lágrimas. Estaba vibrando y contrayéndome. Realmente no hay palabras en nuestro idioma para describir cómo fue esa experiencia. La palabra *surrealista* es la más cercana.

Diane me concedió una entrevista después. Puedes ver la entrevista en nuestro sitio web, <u>www.MarconicRecalibration.com</u>.

Los ángeles parecen operar con frecuencia en base a la necesidad del saber, y en ese momento, aún no se había revelado el verdadero significado de la experiencia vivida.

Al final de la clase, mi amiga Marie (que también estaba haciendo una pasantía) y yo fuimos a dar un paseo por la playa y estábamos hablando de los eventos del día. Estábamos asombradas de lo que habíamos presenciado. Me sentí muy honrada de haber estado allí y presente, tan honrada de haber tenido la oportunidad de capturar las impresiones de los estudiantes sobre la experiencia. Entendimos que nuestra presencia (todos en la sala) había contribuido para que esto sucediera. Alison y Diane tenían un contrato de almas, y estábamos allí para apoyarlas.

Hicimos una pausa por un momento, giramos la cara hacia el oeste, y simplemente disfrutamos de la energía del día. Había sido una tarde intensa, y estaba sintiendo las secuelas en mi cuerpo. Me sentí como si estuviéramos rodeadas. Podía sentir la luz y el calor a nuestro alrededor en la fresca y ventosa playa. Marie decidió tomar una foto de la hermosa puesta del sol, y yo decidí hacer lo mismo. Lo que vi en mi cámara me dejó sin aliento. Esta fue nuestra introducción formal de los Serafines.

Vi un rayo de luz fucsia, roja y púrpura con un centro blanco que descendía del cielo justo delante de nosotras. No podías verlo a simple vista, pero era claramente visible en la pantalla de revisión de mi cámara. Comencé a tomar una foto tras otra, alejándome como una loca. Observamos con asombro cómo el rayo vibraba y se movía en la playa.

Pude ver en la pantalla de revisión que el rayo no estaba siendo captado en la película. Seguí tomando fotos. Estaba tan emocionada, y sabía que necesitábamos obtener una fotografía de esto. ¿Quién creería que un rayo que viene de Dios apareció de repente delante nuestro mientras nosotras éramos literalmente las únicas dos personas en la playa para presenciarlo? Marie estaba detrás de mí con su cámara e intentó capturar una imagen de mi cámara con el rayo en el visor, ¡no estaba funcionando!

La energía aumentó en intensidad, y el rayo comenzó a moverse.

"¡Oh, Dios mío, Marie, el rayo viene hacia nosotras!" Grité mientras el rayo se acercaba más y más.

"¡Aquí viene!" Yo exclamé.

El rayo que pasaba a través de nosotras se sentía como si estuviéramos siendo escaneadas. Simultáneamente, comenzamos a temblar y vibrar donde estábamos paradas, temblando como si estuviéramos siendo electrificadas. No fue doloroso, pero para cualquiera que nos observara, parecíamos un par de locas convulsionando en la playa. Saqué más de veinte fotos en esos diez o quince minutos, y solo una foto capturó el rayo. La cámara de Marie no detectó el rayo de luz, pero fue capaz de capturar un increíble orbe color verde lima que se asomaba entre las nubes. El rayo continuó moviéndose por unos momentos más, y luego desapareció.

Sabía que esto había sido un evento primordial. No podría haber imaginado lo que iba a pasar a continuación o cómo esto iba a cambiar mi vida para siempre.

Capítulo 13
Ángeles

"YO SOY el Avatar Ariel, Arcángel, Serafín,
creador de los mundos en la séptima dimensión,
guardián de las almas y guardián de la luz infinita.
Siempre he existido. Estoy en todas partes.
"A lo largo de la era humana, se ha conocido mi presencia
y mis mensajes han sido de amor, luz y apoyo. Pero
ahora te llamo a ti; es hora. Hemos estado esperando el
momento adecuado para ti. Ahora es el momento de volver
a despertar a tu verdad, a la realidad verdadera."
-Arcángel Ariel, canalizado por Lisa Wilson

*   *   *

Una tarde, me junté con mi amiga Ann para hacer el protocolo Marconics 'No-Contacto'. Al final de la sesión, ella sacó de su bolsillo un péndulo de cuarzo rosa con forma de mercaba.

"Oh, es encantador", le dije.

"No tengo idea de lo que es", respondió ella. "Lo compré porque pensé que era bonito, y pensé que podrías mostrarme para qué sirve."

"Aquí," dije, con mi mano extendida. "Por supuesto que te mostraré."

Le di una breve lección sobre el péndulo 101, y luego sujetando la cadena del péndulo entre mi primer dedo y mi pulgar, y dejándolo colgar, le dije con firmeza: "Muéstrame, *sí*". El péndulo comenzó a oscilar en un movimiento de ida y vuelta.

"Muéstrame *no*". El péndulo cambió de dirección y comenzó a oscilar en un movimiento circular.

"¿Ves? Es fácil. Solo tienes que preguntarle si o no ... mira.

"¿Mi nombre es Lisa Wilson?" Observé cómo el péndulo giraba en un amplio círculo, un claro y empático no. Ann me miró con una expresión extraña. *Oh caramba. ¿Qué tiene de malo?* Pensé. En mi mente vi una hermosa cara sonriéndome cuando tuve un momento (ah-ha) de realización.

Sonriendo y sacudiendo la cabeza, lo intenté de nuevo. "¿Me llamo Ariel?" El péndulo se mecía hacia atrás y adelante, *sí*.

Inteligente, pensé mientras me reía suavemente.

Mi nombre en esta vida en realidad es Lisa Wilson, a menos que le pregunte a un péndulo, y en ese caso mi nombre es Ariel.

Lo que se comparte con ustedes es la verdad tal como la conocemos. En cierto modo, estamos tratando de desafiar tus creencias debido a que todos los días se produce un cambio en la línea de tiempo y descubrimos un poco más de la historia que desafía nuestras propias creencias; Se revela una imagen más grande de la verdad. Lo que hemos tenido que aprender y aceptar es que la verdad es subjetiva y cambia a medida que los eventos cambian. La verdad que uno sabe a la edad de ocho años en comparación con la verdad que uno conoce a la edad de dieciocho años son dos verdades diferentes, ya que lo que un niño de ocho años puede escuchar frente a lo que una persona de dieciocho años puede escuchar requiere dos verdades diferentes. Sin embargo, cuando sientas la vibración de las palabras que siguen, las reconocerás si son tu verdad. Así fue para mí cuando escuché por primera vez a Gracia y al llamado del clarín. Sus palabras reverberaron a través de mi cuerpo; quedaron atrapadas en mi pecho y en mi garganta. Mi corona se estremeció, comencé a llorar y supe que lo que oía era mi verdad.

Así ha sido para nosotros este viaje y para todos los seres humanos: lo que sabemos frente a lo que pensamos que sabíamos y, en última instancia, lo que se está por descubrir.

Había estado trabajando con el reino angelical desde que era una niña. Tenía "otra madre" que solía venir y visitarme en mi habitación noche tras noche. Ella me llevaba a un lugar hermoso que tenía grandes columnas blancas y un suelo brumoso, y cuando miraba el techo, era un remolino de azules y blancos. Caminaba conmigo y me enseñaba cosas. Una vez recuerdo que volví con una moneda presionada en mi mano. La tuve durante mucho tiempo, pero los niños pequeños tienden a perder el tesoro. Mi madre actual me decía en tono exasperado: "No *tienes* otra madre. Yo soy tu madre", y comencé a cerrar los ojos y a olvidar.

Después de que mi padre falleció en 1993, me encontré sola y perdida en un hermoso campus universitario en el norte de Florida. El lugar se construyó a fines del 1800s como un hotel adornado para ricos y famosos. En el campus había un viejo roble, del tipo cubierto de musgo español que tenía enormes ramas pesadas que tocaban el suelo en varios lugares y se extendían por el césped. Fue en ese árbol que empecé a escuchar de nuevo. Fue allí, y solo allí, que me sentía segura y conectada. Ese árbol, llamado Gabriel, se convirtió en mi santuario, y su espíritu se convirtió en mi guía y consejero de confianza. Eventualmente encontré mi camino de regreso a los cristales, comencé a tomar en serio mis cartas de tarot y mis sueños, y comencé a estudiar antiguas religiones paganas.

En 2002, después de aprender Reiki, leí un pasaje en un catálogo de cursos en el centro de curación local que hablaba sobre una modalidad de curación que ayudaba a eliminar los "problemas, bloques y karma de tus tejidos". Perfecto, yo tenía un montón de problemas. Puse una estrella en el margen; ¡y me registré!

En clase, aprendí que me había inscrito en una clase de sanación angelical, una modalidad canalizada por el Arcángel Ariel. Mi primer maestro no hizo gran cosa sobre la conexión angélica, lo cual fue algo bueno porque nunca le di un segundo pensamiento a ese detalle; simplemente era así. Todavía me estaba recuperando de una vida difícil que involucraba el final de una relación seria y todavía estaba muy enojada por la pérdida de mi padre. Estaba bastante deprimida y enojada con Dios y los ángeles y cualquier cosa que se asemejara a la religión o la espiritualidad. Si los ángeles hubieran estado abarrotados en mi garganta en ese momento, podría haberme alejado. En realidad, un año después, cuando tomé el entrenamiento de maestro, aprendí sobre todas las conexiones angélicas y las cosas empezaron a tener mucho más sentido. Pude asimilar y expandir. Fue entonces cuando me di cuenta de que mi árbol era el Arcángel Gabriel.

Me pregunté por qué Ariel no vino a llamarme entonces, y me di cuenta de que yo no estaba lista. La muerte de mi padre en 1993 debía guiarme a un camino espiritual y profundamente devoto. En su lugar, fue asimilado por mi ego y creó una profunda sensación de dolor y pérdida. Me puso en un desvío en lugar de un atajo, y tuve que evolucionar y construir mi maestría. Tenía que borrar muchos patrones kármicos difíciles, así que tomé el camino sinuoso.

He pasado casi toda mi vida adulta llamando al Arcángel Ariel y a los ángeles bajo su mando con respecto a la eliminación de residuos energéticos del cuerpo y el campo de energía para que el individuo pueda alinearse con la misión de su alma.

Lo que sí noté fue que Ariel siempre estuvo presente para mí, pero tranquila, como si ella estuviera observando y esperando algo. Los otros Arcángeles, Gabriel, Uriel, Miguel y Rafael en particular, fueron más vocales y visuales, tanto para mí como para los clientes en los que estaba trabajando. Confío en los Arcángeles porque tenemos una larga historia juntos en esta vida, en esta encarnación, y también en otras. Puedo sentir su vibración y sé que lo que me envían es verdad para mí y para mis clientes. He podido saber cosas, ver cosas y escuchar cosas que no tendría forma de saber, ver u oír sin que se muestren y compartan conmigo. Lo llamo sintonizar con la FM Angelical, y sé que lo que me dicen es verdad, ya que se trata de innumerables afirmaciones y confirmaciones de parte de los clientes con los que he compartido los mensajes durante los años.

La primera vez que *escuché* de adulto la voz de los Ángeles, me aterrorizó. Me había ido a la cama buscando respuestas y orientación, y desesperada llamé a la oscuridad: "Si eres realmente real, *¡demuéstralo!*"

Caí en un sueño profundo solo para ser despertada por alguien que me llamaba "¡Lisa!" en mi oído, tan fuerte que me senté muy erguida. Miré a mi alrededor en la oscuridad con mis ojos, tratando de encontrar la forma en las sombras. La voz me llamó de nuevo, "¡Lisa!"

Mi corazón se estaba acelerado. Estaba segura de que en cualquier momento una combinación de todos mis villanos de películas de miedo saldría debajo de la cama, así que hice lo que cualquier persona haría. Grité, "¡Vete!" Y cubrí mi cabeza bajo las mantas y esperé.

Al día siguiente, intentaron un acercamiento más suave. Cuando salía de mi apartamento, me recordaron que no tenía las llaves de mi apartamento. Ignoré totalmente la voz, procedí a salir y quedé afuera y escuché mientras la voz decía: "Te lo advertimos". La voz era pequeña y trivial, pero me llamó la atención.

La vibración de los ángeles y sus mensajes han sido clave porque puedo notar la diferencia en las vibraciones. Los siento en mi cuerpo y tengo una reacción física hacia ellos. Cuando Uriel vino a verme por primera vez, supe de inmediato que la vibración no era una con la que estaba familiarizada. Se sentía seguro y temerosamente amoroso, pero era cálido, cercano y extremadamente intenso. Me viene a la mente la palabra *claustrofóbica*, y empecé a sudar y sentir calor como si estuviera en una cabina de bronceado en lo alto. Cuando pregunté quién estaba allí, escuché en voz alta en mi oído: "Somos la vibración llamada Uriel". Sentí que estaba electrificada. Las palabras crearon un temblor en mi oído, y vibraban a través de mi cuerpo entero.

Tomé un curso de canalización de ángeles cuando tenía unos veinticinco años, y el caballero que estaba enseñando fue certificado como curandero por la querida de los que siguen a los ángeles, una de mis héroes espirituales, Doreen Virtue. Estaba emocionada de ir hasta que él realmente comenzó a canalizar, y luego me encontré buscando la puerta.

Si bien no tengo dudas sobre la verdad de sus habilidades, me sentí increíblemente incómoda. Resopló, resopló y sonó como si intentara dar la impresión de un caballo relinchar. Miré alrededor de la habitación, y otros estudiantes estaban al borde de sus asientos con éxtasis. Yo, por lo contrario, tenía una ceja sarcástica levantada. Luego se sacudió como un perro mojado, abrió los ojos y comenzó a hablar en un alto falsete. "Oh, querido, bienaventurados queridos ... alas de mariposa y destellos de arco iris". Está bien, tal vez no fueron esas las palabras exactamente, pero entiendes la idea. ¡Bueno, eso fue suficiente para mí! Recuerdo haber pensado en ese momento, *¿Qué diablos ...? Ya mismo me voy de aquí.*

Primero, no había absolutamente ninguna manera de que yo hablara un lenguaje florido en un falsete, y segundo, la vibración de este hombre fue disonante para mí. Se sentía como una pompa y circunstancia, como si estuviera *embelleciendo* lo que los ángeles estaban diciendo para que coincidiera con lo que se nos han dicho que creamos acerca de los ángeles.

Luché contra la necesidad de huir, siempre hay una lección. Fue en esa clase que intenté canalizar por primera vez. Y para mi sorpresa, descubrí que estaba entregando mensajes precisos y relevantes a otro estudiante a quien nunca había conocido.

También fue en esta clase, a través de una mediación guiada, que conocí a el Elohim La Gracia. A través de la meditación, entré en una caverna con paredes aproximadamente talladas y adornadas con pesadas antorchas. Me recordó a un castillo medieval. Llegué a una puerta y la abrí. El hombre que guiaba la meditación dijo: "Ahora estás en la sala del trono del padre". Cuando miré a mi alrededor, mis ojos se ajustaron, y pude ver gruesos tapices, un fuego en una enorme chimenea y sillas grandes, con respaldos altos, y luego una mujer de una belleza indescriptible dio un paso adelante.

Era alta y elegante, con el pelo suelto. Llevaba una corona y un vestido que parecía de gasa. Luego ella se movió, y parecía como si estuviera fuera de la luz. La corona brillaba en su cabeza y estaba hecha de estrellas. Su cabello se transforma en suaves llamas azules. Su vestido se volvió más translúcido, revelando una gran panza llena de galaxias. Se hizo tan grande como el universo. Ella me sonrió y salí de la meditación sabiendo que en verdad había encontrado la Divinidad.

En más de una década de trabajar activamente y conscientemente con los ángeles y escuchar sus mensajes, solo usaron la frase "beato querido" una vez conmigo, y creo que estaban siendo sarcásticos. O tal vez lo tomé de esa manera porque estaban enseñándome una lección. Encuentro que son más directos y pragmáticos conmigo, absolutamente elocuentes, pero no floridos ni condescendientes.

Los ángeles son los mensajeros de Dios (El Divino, Primer Creador). Nos ayudan cuando los invitamos a guiarnos en concierto con la directiva divina para alinearnos con experiencias que son necesarias y apropiadas para la evolución de nuestra alma, al mismo tiempo que honran y respetan nuestro libre albedrío.

Esta es una verdad que se me ha sido revelada con el tiempo. La palabra "Angelical" significa mucho más.

Capítulo 14

2012, el Cambio

Comencé a recibir descargas e imágenes de símbolos de luz de los ángeles en la primavera del 2012. Uno de los símbolos de luz que seguí viendo era el símbolo infinito.

A mediados del verano, seguí viendo una imagen de mí misma en el centro de la galaxia. Yo era enorme, con el centro de la galaxia en el centro de mi corazón. Un rayo de luz descendió sobre mí y creó una figura ocho a través de mi cuerpo. La luz trazó un camino que bajaba por la parte frontal de mi cuerpo y, al entrar en mi corazón, descendió y formó un ángulo a través de mi chakra plexo solar. Salió por la parte posterior de mi chakra plexo solar, por la parte posterior de mi cuerpo, debajo de mis pies, donde se arqueó hacia arriba siguiendo la parte delantera de mi cuerpo. La luz entró por la parte frontal de mi chakra plexo solar, por arriba y en ángulo a través de la parte posterior de mi corazón y salió por la parte posterior del centro de mi corazón, donde se arqueó nuevamente sobre mi cabeza. Comenzó a repetirse, trazando esta bella figura ocho de luz. También vi a otra figura ocho hacer lo mismo, pero en el plano horizontal.

Esta imagen se repetiría en mis meditaciones y en mis sueños. No podía evitarlo. Comencé a buscar en Google y fui guiada a imágenes de la NASA que apoyaban este patrón de energía dentro de la Vía Láctea.

Encontré una imagen del anillo retorcido de la Vía Láctea, que se elevaba por encima y caía por debajo del plano galáctico, creando un símbolo infinito horizontal. La NASA también descubrió dos rayos de luz que se proyectan desde el centro de la galaxia, cada uno con una altura de 25,000 años luz y que se extendían por encima y por debajo del plano galáctico. Cuando la imagen es mejorada por infrarrojos, parecen un símbolo infinito. Recibí confirmaciones tridimensionales de lo que estaba viendo, pero todavía no sabía qué significaba este símbolo.

Como muchos, estaba anticipando ansiosamente el solsticio de invierno ese año. Mientras estaba segura de que no íbamos a despertar en un nuevo planeta donde de repente había paz mundial y barras de chocolate para todos, supe que estábamos ante el punto de algo increíble. Como tantos otros, pude *sentirlo* en la energía.

A medida que nos acercábamos al 21/12/12, pensé que tal vez, la información que me había llamado la atención y las imágenes que me mostraban (los ángeles) eran para que yo pudiera ayudar a aquellos en mi círculo inmediato y extenso a liberar el temor sobre las energías cambiantes y a comprender que íbamos a cambiar gradualmente a una nueva vibración y realidad. Había mucho miedo circulando entre la gente, y algunos se estaban preparando para un apocalipsis total, como eventos geo-catastróficos o el fracaso de los sistemas bancarios.

Había mucha discusión e información conflictiva sobre el cambio de energía de 2012 y más allá. Una búsqueda en Google podría generar resultados llenos de todo, desde la esperanza de una humanidad más grande e iluminada hasta el regreso de una súper raza alienígena, y predicciones apocalípticas. La NASA reprendió diciendo que todo esto era absurdo porque no existían pruebas científicas que respaldaran las teorías desenfrenadas en las salas de chat (por ejemplo, un planeta oculto en un curso acelerado con la Tierra, estrellas supernovas, realineaciones de los ejes polares, agujeros negros y súper grandes mega erupciones solares que destruyeran la vida humana como la conocimos hoy, cesando nuestro planeta)

Lo que era innegable fueron varios eventos que se alinearon con todos y se cree que son el sello de un gran Cambio que comenzó el 21 de diciembre de 2012.

La primera fue que el calendario Maya, un método lineal de registro, llegó a su fin en esta fecha. Muchos interpretaron esto como el final del calendario (entendido como fin de los días), y otros vieron esto como simplemente el final de un ciclo. Claramente, los mayas eran magos de la matemática, por lo que muchos se pusieron frenéticos. Lo confieso, estaba pensando en comprar agua bebible y Twinkies (golosinas, caramelos, dulces).

El segundo evento fue el cambio astrológico que muchos en la comunidad de la Nueva Era han denominado como la Era de Acuario.

Las edades astrológicas están marcadas por doce ciclos de aproximadamente 2,150 años, cada uno llamado "precesión de los equinoccios". La procesión se mide por el tiempo que tarda el equinoccio vernal (primavera) en moverse de una constelación a otra. La procesión total en sí lleva casi 26.000 años. Nuestra época actual, la Era de Piscis, fue fuertemente influenciada por las energías de la religión y el miedo y se consideró que estaba llegando a su fin.

Estábamos en transición hacia la Era de Acuario; la era del amor. Acuario es considerado el regreso de la conciencia de Cristo, que trae consigo una mezcla y equilibrio de las religiones y un avance continuo y sorprendente de nuestra tecnología, específicamente electricidad, descubrimientos científicos y viajes espaciales.

Había oído hablar del cinturón de fotones y la estrella *Alcíone*, que se considera el sol central en nuestra galaxia y una de las siete estrellas que forman las Pléyades (Siete Hermanas). Existe una creencia común de que alrededor de *Alcíone* hay un cinturón de fotones de dos mil años luz que está rodeado por un lado más de 11.000 años de oscuridad. Básicamente, estamos en la Vía Láctea, orbitando alrededor de su centro, moviéndonos por encima y por debajo del plano galáctico. Transitamos por la procesión de los equinoccios, y cada once mil años, más o menos, pasamos a un período de estar despiertos, de estar a la luz, de estar en el cinturón de fotones, y luego, cuando nos alejamos del cinturón de fotones, nos quedamos "dormidos" nuevamente.

Cinturón quizás no sea la mejor palabra para describir esto. El concepto del cinturón de fotones en forma de toro (piensa en una dona o un anillo) realmente resuena conmigo, especialmente cuando los astrofísicos de la NASA afirman con vehemencia que los fotones se mueven de forma lineal y las partículas de luz no pueden orbitar nada. Ver a *Alcíone* como el punto central de la galaxia con un toro de energía moviéndose a su alrededor, propagando luz y energía a través de la galaxia, se alinea con la forma en que siento que la energía se mueve y se imite en el campo de energía humano.

Desde una perspectiva espiritual, el cinturón de fotones se considera la luz de Cristo, un anillo de luz que emana poderosa energía iónica del núcleo galáctico. A medida que nuestro sistema solar se está moviendo más hacia este cinturón de luz, la vibración de la humanidad y de la misma Tierra se está elevando y purificando. Los antiguos consideraban este momento como el comienzo de una edad de oro, donde no hay guerra, ni hambre, ni enfermedad, solo amor y luz. El 21 de diciembre de 2012 se considera como la fecha en que hicimos la transición completa a este cinturón.

Todos estos eventos tienen un punto en común, en el sentido de que aquellos seres humanos que están listos para abrazar este Cambio serán elevados. La segunda venida apocalíptica religiosa se refiere a un juicio final y a la Ascensión. La tradición de la Nueva Era dice que nuestro amor se expandirá y nuestra conciencia se elevará. Muchos llaman a la inmersión en la luz de fotones una sintonización galáctica, en la que finalmente haremos la transición a cuerpos de luz y realinearemos con nuestros seres superiores.

Si eso significa que nuestros cuerpos humanos mueren o no, todavía no lo sabemos. Esa línea de tiempo no ha sido determinada. Lo que sí sabemos es que somos los herederos del nuevo paradigma, que nos brinda la oportunidad de crear nuestra propia experiencia de paraíso en la Tierra.

La humanidad está sintiendo actualmente el efecto del Cambio, y lo hemos estado haciendo y lo seguiremos haciendo durante años. Considera cómo nuestros avances sociales, tecnológicos y científicos en los últimos quinientos años nos han cambiado fundamentalmente como seres y cómo interactuamos con el mundo que nos rodea.

La información está literalmente disponible a nuestro alcance, y nuestra tecnología puede marcar la diferencia entre la vida y la muerte. Hace quinientos años, creíamos que el mundo era plano y el centro del universo. Hoy sabemos que hay más de 450 millones de galaxias similares en nuestro y múltiples universos. ¿Qué sabremos mañana?

Entonces, en cierto sentido, sí, estamos en un apocalipsis. Estamos experimentando un levantamiento de los velos, una ruptura en la ilusión de la matriz de la dimensión tridimensional, y algo que antes era desconocido ahora se está conociendo. Algo de esto ocurrirá a medida que los viejos sistemas y creencias continúen desapareciendo; hemos visto muchos cambios en los gobiernos, los sistemas fiduciarios y las religiones. Otros cambios también se llevarán a cabo. La forma en que nos cuidamos a nosotros mismos, a los demás, y a nuestro planeta continuará centrándose más en el corazón, y nos haremos más conscientes no solo de nuestras responsabilidades globales, sino también de nuestras responsabilidades galácticas.

Continuaremos viendo que estos cambios se intensifican a medida que avanzamos en las olas de la Ascensión, ya que solo hay dos formas de experimentar este cambio de energía y vivir en ella: una es permanecer atrapado en el paradigma en descomposición de la tercera dimensión basada en el miedo, y el otro es ascender a las vibraciones superiores representadas por el amor y la conciencia de unidad.

Algunos de los cambios son incómodos, tumultuosos e incluso violentos. Hay muchas personas que son arrastradas al ciclo de miedo-dolor-miedo que nuestra raza humana perpetúa, ya sea por el dominio, las ganancias, el entretenimiento o incluso el auto-sabotaje.

El miedo esta difundido en los medios de comunicación, en nuestro entretenimiento e incluso en nuestros propios seres espirituales. Nos aferramos a sentimientos como el miedo al fracaso, el miedo al éxito, el castigo, el miedo a la intimidad, la inadecuación y los escases. Aquellos que temen entrar en contacto con su propio ser espiritual, su propia forma de Divinidad, continuarán permitiendo que el miedo domine sus pensamientos. Continuarán invocando situaciones, personas, lugares y cosas que continuarán reforzando y alimentando su creencia de que la vida debe ser temerosa.

Otros cambios serán más sutiles, pero no menos poderosos. Cuando nos permitimos levantar los velos de la ira, el estrés, el resentimiento, el miedo, el odio y la desconfianza que envuelven nuestras vidas, despejamos el camino para vivir en la energía del amor. Cuando una persona eleva su vibración a la energía del amor, él o ella también eleva la vibración de todos aquellos con los que tiene un contrato. Creo que este cambio vibracional en el amor continuará creciendo más fuerte a lo largo de nuestras vidas a medida que la comunidad humana se mueve más hacia la unidad global con cada nueva generación.

Creo que estamos despertando a nuestras responsabilidades, nuestras habilidades divinas, y nos estamos preparando para hacer más espacio en nuestro mundo para la energía del amor y para vivir en el concepto de unidad. Permítanme ser claro, no hablo de la unidad como un arco iris brillante, hablo de la unidad divina. Leí un artículo de un antropólogo que habla sobre la filosofía sudafricana de Ubuntu, que es una cualidad de nuestra humildad: "YO SOY porque somos". Al colocar un valor más alto en la vida humana, centrándonos en la dignidad, la compasión, el respeto, la tolerancia, la aceptación, la meditación y la comprensión, podemos elevar la vibración del todo a través de las acciones de la persona. *YO SOY lo que YO SOY, por quienes somos.*

Supongo que tal vez esperaba despertarme en un nuevo planeta.

Aunque sentí que había un componente de curación en esta información que había estado recibiendo, mis intentos anteriores de asociarme con amigos para acceder y usar lo que estaba sintiendo, en la energía a mi alrededor, no habían tenido éxito. No estaba segura de por qué la información había sido dada tan rápidamente y luego se había estancado. Pensé que la información que estaba recibiendo nos ayudaría con la Ascensión. Pensé que se suponía que debía tenerla a tiempo para el solsticio de invierno. No estaba segura pare qué ésta serviría.

Para la celebración del solsticio en mi casa, utilicé una hermosa meditación dotada de los arcángeles que nos llevaron a través de los sólidos platónicos y otras formas geométricas sagradas para limpiar y activar los chakras. El objetivo era purificar y elevar nuestras vibraciones de energía, lo que finalmente nos puso en alineación con la energía creadora en el núcleo galáctico.

En mi trabajo de curación, había sentido que había algo más. Empecé a buscar algo más porque podía sentir que faltaba algo. La energía ya no se sentía lo suficientemente fuerte para mí o para mis clientes. Estaba combinando técnicas para amplificarlas. Era como un popurrí de cristales, biomasas, curaciones angelicales, curaciones cuánticas y cualquier otra cosa que pudiera mezclar para poder incrementar la energía del cliente en mi práctica. Alison y yo llamamos a esto el "vidrio de la curación". Sabía que tenía que haber algo más. La energía que nos rodeaba estaba cambiando a medida que continuábamos avanzando hacia las olas de la Ascensión, pero la energía que venía a través de mí ya no era un rival para esta. Se sentía como si estuviera usando baterías AAA para alimentar un automóvil eléctrico; Necesitaba algo más.

No estaba persiguiendo activamente el misterio de la figura ocho (infinito), pero la información que estaba obteniendo del reino angélico aumentaron en ocurrencia y luego aumentaron en intensidad.

Capítulo 15

Luz Infinita

"Todas las cosas vienen de la Luz Infinita,
dentro y fuera de la Luz Infinita".
- Metatrón, canalizado por Lisa Wilson

*   *   *

En agosto, nació mi segundo bebé hermoso, Sebastián. Esta nueva adición a nuestra familia me llenó de amor. Estaba disfrutando del brillo de sentirme tan bendecida por esas dos almas que eligieron llamarme mamá y contar conmigo para ser su fuente infinita de amor incondicional, apoyo y compasión en el planeta. Me sentí tan bendecida por Brendan, mi esposo, que puedo decir con absoluta certeza que lo pusieron en mi vida para enseñarme cómo amar, cómo dar y recibir amor. Él me ayudó a despejar un gran patrón kármico porque antes de él realmente no creía que fuera digna de ser amada, y esa fue una de las lecciones que no había aprendido durante varias vidas pasadas. Sobre todo, me sentía humilde; Estoy profundamente agradecida por la bendición que tengo.

Mientras estaba acostada en mi habitación del hospital con mi bebé, mi niño hermoso y dulce y mi esposo amoroso, experimentaba alegría, verdadera y completa felicidad. Me sentí como la mujer más afortunada del mundo.

Por lo general, cuando te sientes bien, ¡el universo decide abofetearte con un gran objeto contundente! Es casi como si estuvieran asegurándose de que estés prestando atención.

Al día siguiente, experimenté un dolor increíble. Una enfermera llamada Susana, a quien solo vi esa noche, entró en la habitación, me miró y dijo: "Cariño, no te ves bien. Puedo verlo en tu cara". Susana procedió a discutir mi caso con el médico, insistiendo en que tenía un íleon paralítico, lo que significaba que mis intestinos se durmieron durante la cesárea debido a la anestesia y decidieron no despertar. Ella luchó para que yo me hiciera una tomografía computarizada. El doctor dijo que no, pero Susana argumentó mi caso y ganó. Unas horas más tarde, me estaban llevando al laboratorio de radiología para que me realizaran una tomografía computarizada. Al día siguiente, confirmaron que era un posible problema de íleon, pero el radiólogo también notó que tenía varios quistes pancreáticos y recomendó observar mi caso.

Inmediatamente me asusté y pensé: *Oh Dios, por favor, que no sea cáncer de páncreas.* Fui a través de la gama de emociones y estaba mirando posibles líneas de tiempo. No tengo miedo de morir. Sé que continuamos y experimentamos otras vidas y otras realidades. También recuerdo que cuando era niña y adolescente tenía la sensación de que yo podría no vivir más allá de los cuarenta. Lo que no iba a aceptar era dejar a mis bebés tan pequeños. Nadie puede amarlos como yo, ni siquiera su padre. Soy la madre.

Se lo dije a mi esposo y, por un tiempo, decidimos mantenerlo en secreto porque no queríamos asustar a nuestras familias innecesariamente. Esto es especialmente cierto de parte de mi familia, ya que mi padre y mis dos abuelas murieron de cáncer. Mi padre era joven, tenía cuarenta y siete años. Para mi madre, mi hermana y mi hermano, el cáncer equivale a una sentencia de muerte, y yo simplemente no quería hacerles pasar por eso.

Fui al gastroenterólogo y vi a un especialista en mi hospital que realizó la endoscopia. Fue capaz de aspirar dos quistes grandes para ver si eran cancerosos o no. Me remitieron para una prueba genética, ya que el lado de la familia de mi padre está plagado de diversas formas de cáncer de estómago, hígado y colon.

El descubrimiento inicial de la endoscopia fue que no tenía cáncer. Los resultados iniciales de las pruebas genéticas confirmaron que no tenía ningún síndrome genético desafortunado que lleven al cáncer de colon. ¡Fue el primer alivio que tuve en meses!

Le dije a mi mamá y hermana que esperaba algunos resultados más, pero que todo se veía bien por ahora.

En medio de mi crisis de salud personal, continué viendo a los clientes y dando clases. Una noche a principios de octubre, puse mis manos en el centro de la corona de mi cliente como lo hacía normalmente en una sesión de sanación angelical. Pensé: *Ahora me gustaría invitar al Arcángel Rafael para que limpie la energía de la culpa e imprima la energía de la inocencia.*

La vibración en la habitación cambió y escuché una voz que me decía claramente: "No, solo debes ejecutar la luz". No tenía idea de qué estaban hablando y pedí una aclaración. Me dijeron otra vez que simplemente ejecute la luz. Cuando pregunté quién estaba allí, me dijeron: "Somos la vibración llamada Sandalfón". Había escuchado el nombre en algunos de mis libros de ángeles, pero no podía recordar qué arcángel era Sandalfón. Hice una nota mental para buscarlo más tarde. Resultó que Sandalfón, hermano / gemelo de Metatrón, lleva las oraciones de la humanidad para que Dios las escuche.

Sobre su corona, vi una figura de oro ocho aparecer entre mis manos. Comenzó a transformarse en una forma de reloj de arena en 3D, giró como una hélice y luego se volvió redonda. Podía sentir el chakra de la corona abriéndose y empujando mis manos fuera del campo de energía. Pasé esta luz por el cuerpo de mi cliente y pude verla reaccionar físicamente; su pecho se levantó de la mesa, su respiración se intensificó, y se sobresaltó varias veces en la mesa. Hubo un momento en el cual ella sintió el impulso de colocar su mano sobre mi mano, y la mantuvo allí durante varios minutos.

Sabía que estaba trabajando con algo diferente a todo lo que había experimentado. Me rendí y me dejé guiar para colocar mis manos en formas que nunca había hecho, y la energía que me recorría era el "algo" que había estado buscando. Vi la energía en otras sesiones más donde pude canalizarla en otras partes al posicionar mis manos. Mientras trabajaba con la energía, estaba viendo un portal rodeado de arco iris abriéndose en el espacio y vi una luz dorada llena de figuras interconectadas, ochos en espiral hacia abajo. Me conecté con esta energía y la dirigí hacia mi cliente. Sus reacciones continuaron siendo intensas, y las liberaciones fueron profundas, elevándose fuera del cuerpo y del campo de energía.

El 23 de noviembre del 2013, agarré mi teléfono mientras conducía y grabé el siguiente mensaje: *"La Luz Infinita lleva con ella la energía del alma superior, canalizándola hacia el cuerpo para que pueda hacer una conexión profunda con la quinta y sexta dimensión / realidades (y anclarlas) en nuestra tercera dimensión. Nos conectamos con esta energía para ser seres de luz totalmente integrados que viven en el reino 3D teniendo una experiencia 5D y 6D para que podamos manifestar todas las formas de abundancia y alegría. Nos conectaremos con esta energía a través del Arcángel Gabriel, el Arcángel Sandalfón y el Arcángel Metatrón. "*

Fue una de las primeras veces que canalicé un mensaje angelical cuando no estaba trabajando en un cuerpo, lo que me lleva a participar activamente en la energía. Aunque ahora lo entiendo mejor y con más detalle que en ese momento, no me di cuenta de las implicaciones de la información que acababa de llegar a mí. Esta energía está destinada a entregar el alma superior al reino actual de la tercera dimensión para que podamos experimentar 5D (amor pleyadiano), 6D (conciencia de Cristo) y más allá. Esto está creando la infraestructura para que el alma superior ingrese al cuerpo como un avatar integrado.

Durante una meditación guiada grupal en noviembre del 2013, estaba canalizando la energía angelical, y escuché la frase repetirse varias veces: *"Todas las cosas vienen de la Luz Infinita, entran y salen de la Luz Infinita."* Esta fue la primera vez que los oí nombrar la energía. También se me mostró un proceso de sintonización para codificar a otros con esta luz. Me di cuenta de que se suponía que debía seguir adelante con esta energía, que esto era real y que se me estaba mostrando cómo compartirla.

Tuve otros clientes voluntarios para recibir lo que ahora llamaba "La Luz Infinita" para poder así practicar. Otra mujer tomó mi mano en la misma posición que mi primer cliente mientras trabajaba en el centro de su corazón. Al final de la sesión, se sentó medio sonriendo y medio llorando y me dijo que se sentía increíble, que podía hacer cualquier cosa, y que se sentía más ligera, más libre y llena de esperanza. Otra mujer me dijo que podía sentir su cerebro reconectado.

Fue emocionante ver cómo la energía tomaba forma y comenzaba a convertirse en algo nuevo. Estaba en algo, y sabía que necesitaba más tiempo para determinar si ese 'algo' era real.

En noviembre del 2013, tuve la oportunidad de conocer a Alison en una gran exposición de salud holística en Massachusetts. Como el destino lo tendría planeado, la mesa de Marconics estaba frente a la mía. Antes de que comenzara la exposición, me quemé la mano bastante mal. Estaba ampollada y vendada. Uno de los practicantes se acercó a mí y me ofreció correr la energía sobre mi mano. Puse mi mano para que trabajara en ella y me sorprendí cuando sentí la energía. Se sentía similar a lo que había estado jugando en mi oficina, pero el practicante de Marconics no me tocó. Ella me preguntó si podía sentir la energía. Me reí y le dije que podía sentirla disparándose a través de mis brazos, a través del centro de mi corazón y por la parte superior de mi cabeza. Era electrizante, emocionante y la sentía más fuerte que cualquier otra energía que hubiera recibido antes. Fue en ese momento que decidí que tenía que ir y experimentar esta energía. Tenía que ser entrenada, incluso sin saber nada más al respecto. Mi mano estaba libre de dolor y casi completamente curada al final del fin de semana.

Cuando conocí a Alison, estábamos en fila para ir al baño. No tenía la menor idea de quién era ella, pero me vi obligada a entablar una conversación con ella. Cuando volví a la cabina, me di cuenta de que estaba al otro lado del camino. Le pregunté un poco sobre Marconics y rápidamente descubrí que ella estaba hablando mi idioma. Ella también había trabajado con Sandalfón y ella sabía de los fotones, los pleyadianos, el Cambio, los angelicales. Estaba intrigada.

Sin que yo lo supiera, como todos los buscadores que se han despertado y se comprometen a participar en la Ascensión, el "trabajo" para curarme y aumentar mi vibración comenzó en el momento en que decidí venir a la clase de Marconics. Mi ego ignoraba por completo que mi ser superior y mi alma superior me dirigían hacia un camino completamente nuevo; Estaba respondiendo una llamada sin ser consciente de ello.

A principios de diciembre, recibí una llamada telefónica de mi especialista en el hospital. Me informó que los quistes eran los que consideraban precancerosos. Quería mi permiso para compartir resultados médicos y registros con uno de los grandes hospitales de Boston. Así que, para ser muy honesta, eso me asustó mucho. Pasamos de "todo es genial" a "por cierto, parece precanceroso, y te estamos recomendando para una consulta quirúrgica". Lo gracioso es que debería haber entrado en pánico total, pero no lo hice. Tenía miedo, pero estaba mayormente en control.

Algunos de mis amigos sanadores sabían lo que me sucedía, y habían estado trabajando en mí. Había estado haciendo varias sanaciones angelicales y orando por mí misma. Algo cambió en mí. Entré de lleno en mis creencias de una manera que no había hecho antes. Me entregué a lo divino. No solo estaba corriendo energía en mí misma, también aprovechaba ese poder y lo atraía hacia dentro. No solo estaba orando, estaba entrando en meditación profunda y en comunión con la Divinidad y estaba pidiendo ser sanada por completo.

Estaba usando una de las meditaciones del Dr. Wayne Dyer, y estaba ordenando a lo divino todo lo que deseaba ser. Esto significaba reclamar mi "YO SOY", que para mí significaba "YO SOY eso: (salud, libre de cáncer, libre de quistes, completa, sana, luz infinita, longevidad, madre, abuela, esposa, abundancia, prosperidad, amor) *YO SOY.* "

Fui a ver a mi especialista, y él nuevamente me sugirió que cuando vaya a Boston esté abierta a la opción de una cirugía, específicamente una pancreatectomía. Francamente, ni siquiera sabía que se podía vivir sin un páncreas. Lo único que tenía en mi base de datos era que el páncreas tiene algo que ver con la producción de insulina. Aprendí esto durante mi embarazo de tener diabetes gestacional, seriamente embarazada de ocho meses y sin poder comer chocolate. ¿Qué diablos? Todos aquellos de los que había oído hablar, principalmente actrices y actores, con cáncer de páncreas murieron. Sé que era agresivo y tenía una baja tasa de éxito en la remisión.

Así que comencé a buscar en Google, lo cual fue empoderante y horroroso a la vez. Quería estar preparada para conocer a este cirujano de Boston con algo de conocimiento de mi lado. Como resultado aprendí que ese "vaya a tener una pancreatectomía, y estará bien" no era una cirugía que debería ser tomada a la ligera. Por un lado, no solo te sacan el páncreas. También extraen parte del intestino grueso, páncreas, parte del estómago y potencialmente la vesícula biliar y el bazo. Se llama procedimiento de Whipple, y las salas de chat estaban llenas de historias de horror y las revistas médicas no eran reconfortantes.

Además, la extirpación del páncreas significa que la persona se convierte en un diabético de tipo uno instantáneo con todos esos problemas de salud que esto significa y depende de la insulina. También dependen de los suplementos de enzimas, ya que el cuerpo necesita el páncreas para crear los jugos digestivos. No hace falta decir que la cirugía no era algo que quisiera hacer porque, incluso después de todo eso, no había ninguna garantía de que estuviera libre de cáncer o de que sobreviviría. Agregué a eso un bebé y un niño pequeño y un largo camino hacia la recuperación postquirúrgica, y esta cirugía se estaba volviendo cada vez menos atractiva. De hecho, el único aspecto positivo que estaba viendo en todo esto era que podría perder esos molestos treinta y cinco kilos que han estado dando vueltas en mi panza. Adiós, páncreas; Hola talla 6 jeans.

Me reuní con el equipo quirúrgico en Boston y entraron dos médicos jóvenes. Estamos hablando de *jóvenes*. Ni siquiera estaba segura de que pudieran votar o comprar alcohol. Inmediatamente tuve un momento de ego y pensé, *Okay, ¿se acaban de graduar ustedes? ¿Dónde está el verdadero doctor?*

Estaba armada hasta los dientes con preguntas y sabía que estos médicos solo me daban respuestas parciales. Sabía que no querían asustarme. En un momento, finalmente tuve que decirles: "Escuchen, si se trata de mis senos, diría que pueden tenerlos. De todos modos, quiero un par nuevo. Pero este es mi páncreas, y lo necesito. Lo estoy usando ahora mismo. Así que no estoy interesada en una cirugía como mi primera opción. ¿Qué más podemos hacer?"

Exasperados, se fueron ...

Poco tiempo después, el médico principal, jefe del departamento, entró y básicamente determinó que necesitaría una resonancia magnética. Esta daría una imagen más clara para ver cuáles eran los próximos pasos a seguir. Supongo que es como ver una cinta VHS frente a un disco Blu-ray. Así que pasaría otro mes antes de que tuviera más respuestas.

Me fui sintiendo frustrada. Llevaba cuatro meses esperando respuestas y todavía no sabía nada. Me faltaba la alegría de estar en el ahora con mi familia, con mi vida. Tomé una decisión en ese momento: no iba a morir. Me negaba a morir porque no iba a ceder a la línea de tiempo de la cirugía y la muerte. Me habían dado esta energía de Luz Infinita por una razón. Había sido una sanadora durante la mayor parte de mi vida adulta por una razón. Iba a recibir entrenamiento de Marconics en enero y también haría la Recalibración de Marconics. Permití que eso me llenara de esperanza y anticipación. Me llené de ese poder, y avancé.

Una noche, a principios de diciembre, cuando descubrí más de lo que los ángeles y guías celestiales querían que descubriera con la Luz Infinita, pude ver cómo bajaba la luz que parecía estar codificada con información en secuencia. Me di cuenta de que los ochos de la figura dorada no eran solo ochos, sino secuencias de ADN codificadas por la luz. Me recordó el código binario o el código de programación. "Llovió" sobre mí y a través de mí. Era como si me estuvieran preparando.

El primer fin de semana de enero, Marie y yo fuimos a conocer a un practicante de Marconics para tener nuestras recalibraciones de Marconics. No tenía ni idea de lo que me esperaba. Me acosté en la mesa de masaje y pude sentir la presión en la habitación mientras el practicante trabajaba en mí. Hacía tanto frío que pensé, seguro que, si abro los ojos, voy a poder ver mi respiración. Podía sentir las vibraciones de la energía recorriéndome, y estaba viendo colores vívidos y luces. En un momento, mi brazo fue levantado de la mesa y *no* por el practicante. *Ellos* giraron mi mano y colocaron mi palma contra mi caja torácica, y sentí que alguien estaba pulsando energía a través de mi mano y dentro de mi cuerpo. Podía sentir las manos dentro de mi cuerpo moviendo cosas a mi alrededor.

Marie y yo nos sorprendimos cuando nos fuimos. Ambas notamos que lo que había estado recibiendo se sentía tan similar a Marconics; se sentía como si de alguna manera hubiera estado trabajando con una parte de eso. Lo que no sabía era que, después de tener una Recalibración Armónica, los seres celestiales de la Federación Galáctica de la Luz continúan contigo. Se convierten en tus guías.

Tres semanas más tarde, la noche antes de mi resonancia magnética, Marie corrió energía en mí. Mientras trabajaba en mis chakras, me dijo que podía sentir escombros saliendo de ellos. "Es tan extraño", dijo ella. "Es como si tuviera la parte bulbosa de una medusa en mi mano, y la estoy sacando de tu corona". Mientras ella continuaba trabajando en mí, me moví y sacudí la mesa con tanta fuerza que realmente podía sentir las manos dentro de mi torso trabajando desde dentro. Seguí preguntándole: ";¿Dónde están tus manos?" porque había tantas manos que no podía decir cuáles eran las de ella. Me moví tanto que, si hubiera sido un observador externo, hubiera pensado que era una venta de aceite de serpiente. No tenía absolutamente ningún control sobre el movimiento; Fue totalmente involuntario. Marconics había mejorado nuestros campos de energía, permitiéndonos acceder y recibir energía más profundamente que nunca. Aquella noche estábamos uniendo las dimensiones, y los seres celestiales estaban trabajando en el espacio que las actualizaciones de Marconics habían creado.

Fui a mi resonancia magnética, y aunque estaba nerviosa, también estaba emocionada. Estaba convencida que lo que había hecho había cambiado mi contrato de alma. Estaba lista para escuchar buenas noticias, y sabía que iba a recibirlas.

Brendan y yo esperamos que el cirujano de Boston diera los resultados. El doctor era tan inexpresivo, un clínico típico. Hay dos tipos de IPMN (que es el diagnóstico que me asignaron). El primer tipo, con un 70 por ciento de probabilidad de volverse canceroso, y en este caso los doctores te recomiendan una cirugía. Y el otro tipo de diagnóstico es uno sencillo y menos peligroso, el del tipo "esperemos y veamos".

"Okay ... y?"

Los resultados de mi resonancia magnética fueron que mis quistes parecían ser más pequeños de lo que se mostró en la tomografía computarizada de agosto. Nuevamente, VHS versus Blu-ray, pero se veían más pequeños. ¡Si! ¡Y no tengo el primer tipo de IPMN! ¡Qué bueno! ¡Pasamos de la inminente extracción de órganos a esperar un año y ver! ¡Woo-hoo! Empecé a llorar y abracé a mi esposo y luego abracé al médico, lo cual fue gracioso porque él se quedó allí con los brazos a sus costados, totalmente sorprendido y ligeramente alarmado de que me hubiera arrojado sobre él en un abrazo de cuerpo entero.

A fines de enero, fui a Martha's Vineyard para aprender Marconics. Esto cambió mi vida porque me abrió la posibilidad de curarme en el campo de energía del cuerpo a través de los campos de energía unificados y morfogenéticos. Con tantos años como curandera, esto me ayudó a comprender por qué los chakras y las áreas de anatomía de la energía literalmente me empujaban (a mis manos) fuera del cuerpo.

Sentada en clase, escuchaba a Alison hablar sobre los Pleyadianos y la Federación Galáctica de la Luz. Había leído fragmentos de varios libros sobre los Pleyadianos una década o más antes y había pensado *¿Qué están fumando estos hippies?* Sin embargo, allí estaba yo, en una línea de tiempo diferente, y esto tenía mucho sentido para mí. Claro los pleyadianos. ¿Por qué diablos no? ¿Y la Federación Galáctica de la Luz? Sí, eso también tenía perfecto sentido. Entendí que eran seres hermosos, poderosos, sabios y amorosos que bajaban de las dimensiones más altas, compartían su conocimiento y trabajaban hacia un objetivo común de Ascensión para ayudar a la Tierra y, en última instancia, al universo. Podía verlos como la ONU del cosmos, trabajando todos juntos para evitar que corriéramos con tijeras, comiéramos la pasta y destruyéramos inadvertidamente nuestro planeta y todo lo que existe en él.

Durante los últimos años, he estado describiendo a mis ángeles como formas de luz, vibraciones de luz y orbes de formas geométricas. Nunca vi alas ni halos, ya que esa imagen nunca ha resonado realmente conmigo como lo hace para tantos otros. Las experiencias y la educación en Marconics me ayudaron a comprender que estaba viendo más allá de la percepción humana del reino angelical tal como lo conocemos y asimilar la presencia de seres galácticos en mi sistema de creencias espirituales.

Estaba cautivada con todo lo que escuchaba, y lo gracioso era que, aunque parte de la información era "nueva" para mí, no la escuchaba por primera vez; estaba recordándola desde lo más profundo.

"Y cuando te quitas los tapones del chakra, levántala muy alto", demostró Alison, poniendo su mano a una gran altura en el aire. "Es como si hubieras agarrado una medusa, y hay los tentáculos colgando ..." Le di un codazo a Marie con tanta fuerza que estoy segura de que estaba magullada y nos miramos con la boca abierta. Alison nos miró por un momento y luego continuó describiendo cómo quitar las tapas de los chakras.

Durante toda la clase sentí que la energía que llamaba Luz Infinita era tan similar a Marconics que consideré que lo que recibí podría haber sido la versión de *Reader's Digest* de Marconics y que Alison había recibido la versión de *Guerra y Paz (War and Peace.)*

Podía sentir en mi alma que esta energía de sanación de la Ascensión (tanto la Luz Infinita como la Marconics) era muy poderosa. Me estaba llamando con tanta fuerza que me estaba costando mucho pensar en otra cosa.

Le pregunté a Alison si podíamos hablar en algún momento en privado durante el transcurso de la semana. Le dije que respetaba lo ocupada que estaba con la clase, pero que tomaría cualquier tiempo que ella tuviera disponible.

Lo siguiente que supe fue que estábamos hablando durante el almuerzo, y compartí lo que sabía sobre la Luz Infinita con Alison en ese momento. De repente, esta información que había guardado y cuidado salió de mi boca como un vomito verbal. Le comenté sobre las descargas de Sandalfón, la voz anónima que ahora sé que era Metatrón, la forma en que se sintió la energía, las reacciones de los clientes, y que estaba planeando enseñarlo de alguna forma.

Alison lo escuchó todo y después de un rato me preguntó seriamente por qué le estaba contando esto. ¿Qué esperaba lograr al compartir esta información con ella?

Honestamente no lo sabía. Me sentí obligada. No podía no decirle. Recuerdo haberle dado una respuesta más elocuente en ese momento, pero sabía que de alguna manera la Luz Infinita y Marconics estaban relacionados.

Me ofrecieron la oportunidad de hacer una pasantía con Alison y el equipo de Marconics, y me lancé a ello. No sabía en qué capacidad, pero sabía que se suponía que formaría parte de ella.

Durante los siguientes nueve meses, continué recibiendo y refinando lo que se convertiría en la Luz Infinita de Marconics Unión 'Yo Soy', a medida que el Serafín me daba más claridad y comprensión del proceso.

Capítulo 16

El Llamado del Clarín

Asistí a mi primer evento de Marconics como voluntaria en un centro de curación local en las afueras de Northampton, Massachusetts. Estaba súper feliz de poder asistir y tener la oportunidad de estar en la energía nuevamente. Hubo experiencias increíbles que me ocurrieron durante ese fin de semana.

La primera fue que yo estaba viendo psíquicamente con los ojos abiertos, a través de las dimensiones.

Sucedió por primera vez el fin de semana anterior. Después de una larga batalla con una enfermedad crónica, mi padrastro, Chuck, estaba en las etapas finales de la transición. Mi familia y yo hicimos las maletas y nos fuimos a Nueva York a verlo en el hospital.

Chuck y yo estuvimos mucho tiempo en la habitación del hospital. Hablamos de la vida después de la muerte. La última vez que tuvo una experiencia cercana a la muerte (paro cardíaco y fue reanimado), no había visto "la luz" y pensó que se iba al infierno. Había temido que nadie estuviera allí para él. Recordando esto, le recordé que esta vez sería diferente. El Arcángel Miguel había aparecido, y sabía que podía decirle a Chuck esto porque Miguel vino por él la última vez, para decirle que no había visto la luz porque tenía miedo y no estaba listo para irse. Le transmití energía de Marconics durante horas y luego realicé una sesión de Sanación 'No-Contacto'.

Al final, él se durmió profundamente, y fui a la casa de mi mamá para descansar un poco. Entré en un sueño lúcido inmediato. Caminaba con Chuck a través de lo que solo puedo describir como el cielo, completo con remolinos, brumas y un rayo de luz atravesando los tonos púrpura y azul. Miré a Chuck y me di cuenta de que era joven, entre treinta y cinco y cuarenta años. Estaba en forma y saludable y con un poco de pelo rizado en su línea de cabello. Se veía vibrante y feliz. Vi, entre la bruma, dos mujeres dar un paso adelante. Creo que estas eran representaciones de su madre y su abuela. Continué observando y vi a mi propio padre dar un paso adelante. También parecía tener entre los treinta y cinco y los cuarenta, tenía un trapeador de rizos marrones enmarcando su rostro, y se veía igualmente de vibrante, saludable y feliz. Dio un paso adelante y abrazó a Chuck en un enorme abrazo de oso. Estaban encantados de verse el uno al otro. Fue un abrazo de amor y hermandad. Estaba viendo a Chuck encontrarse con su familia de alma y lo vi cruzar a la luz. Me desperté con una llamada de mi hermanastra diciendo que él había cruzado en ese momento.

Durante el primer fin de semana de pasantías, tuve la oportunidad de realizar una Recalibración Cuántica de Marconics en uno de mis clientes a quien había alentado a tomar la clase de sanación 'no-contacto'. Estaba trabajando con ella en el centro de curación en una habitación grande con techos claros y paredes de colores claros. Comencé a notar que estaba rodeada de seres, seres altos que parecían estar hechos de luz líquida azul/verdosa.

Nunca había podido ver el resplandor dorado del aura alrededor de alguien con los ojos abiertos. Pensé que claramente estaba cansada, y mis ojos me jugaban una mala pasada. Había sido un día largo de clase. Miré a estos seres una vez más y parpadeé.

Aún estaban allí. Parpadeé de nuevo. Todavía estaban allí, y ahora había más de ellos. La pared parecía ahora estar pintada color agua.

¡Bien entonces! Me di cuenta de que iba a tener una audiencia. Seguí trabajando, y de repente estaba viendo al espacio profundo. De nuevo con los ojos abiertos. Estaba mirando simultáneamente el cuerpo de mi cliente sobre la mesa mientras veía este óvalo grande, plano y negro en la inmensidad del espacio profundo. Parpadeé, y luego vi que el ovalo cambió de ser horizontal a ser vertical; Me di cuenta de que era un círculo y no un óvalo. Era un portal, y había luz fluyendo a través de él.

Le dije a Alison lo que había visto. Ella y uno de los compañeros de equipo confirmaron que había un portal que se había abierto en el centro de curación.

Más tarde, me tocó a mí subirme sobre la mesa y ayudar a otro interno que demostraría la Recalibración Cuántica de Marconics a Alison, como parte de los requisitos de su pasantía ese fin de semana. Entramos en la habitación pequeña y me subí a la mesa de masajes. Fue una experiencia reveladora para mí.

Alison había sido interpretada por uno de los maestros practicantes como inaccesible y fría. La verdad que estaba presenciando era que ella era muy educada y cariñosa, compasiva y muy divertida. ¡Era consciente de que esta persona estaba muy nerviosa al demostrar los pasos al creador de la modalidad! Yo también habría estado nerviosa. Cambié mi percepción con respecto a Alison mientras la escuchaba enseñar. Ella nos entrenó con suavidad, nos alentó, y nos enseñó las formas más fáciles de controlar nuestra mecánica corporal, mientras levantaba nuestro estado de ánimo con algunas bromas.

Mientras tanto, sobre la mesa, estaba viendo hermosos elefantes que se comunicaban con ondas sonoras que retumbaban como el agua a través de las llanuras de una vasta y exuberante sabana. La escena cambió, y me sumergí en una luz azul líquida, nadando a través de la energía. Podrían describirse mejor como una combinación de humanos / sirenas / ángeles hechos de la misma luz líquida. Había un hombre nadando a mi lado que se me apareció con una barba larga y un cabello suelto. Era hermoso, y su rostro me recordaba a una estatua griega. Era tan real, era como si yo estaba allí. Le describí a Alison y al otro interno lo que estaba viendo en el momento.

Y finalmente, durante ese fin de semana, compartí con Alison que comencé a viajar a la red cristalina regularmente, primero inconscientemente a través del sueño y luego muy conscientemente a través de la meditación. Estaba viajando a un templo de curación dentro de una ciudad de luz donde debía recibir curación y guía.

Compartí con Alison que estos magníficos seres de luz en el templo me estaban hablando, y la primera vez que los conocí fue en un sueño lúcido. Estaba de pie con ellos, y ellos eran altos, hermosos, encapuchados y radiantes, con fuerza, amor y compasión. Me dijeron que habían elegido curarme porque había decidido cambiar mi línea de tiempo. Desperté con mi hijo de tres años en la cama conmigo; estaba sentado a mi lado, con una de sus manos en mi frente y la otra en mi plexo solar. La energía que venía de él y a través de él era tan intensa que me sorprendió. Cuando le pregunté por qué tenía sus manos sobre mi barriga y mi cabeza, al principio se mostró reacio a responder, y luego me dijo que lo había hecho porque no quería que me fuera.

He visto a estos magníficos seres repetidamente en meditación y me han enseñado cómo viajar para verlos. Cada vez que voy, tengo una experiencia de curación profunda.

Una semana después de mi experiencia en Provincetown, fui guiada a través de la meditación para hacer otro viaje a la red y regresar al templo de sanación. Esta vez, realizaron una curación en mí y en el grupo que yo guiaba y abrieron, activaron y alinearon la corona, el tercer ojo, la glándula pineal, la pituitaria y todo el sistema nervioso central, esencialmente nuestra firma de luz.

Sabía que estaba viendo y experimentando algo más que una meditación asombrosa; esta fue la curación interdimensional que estaba teniendo lugar. Literalmente me operaban a distancia, así como a los otros que pudieron conectarse telepáticamente con en el grupo. Activaron y alinearon las estructuras en mi corona, tercer ojo, glándula pineal, y pituitaria para entrar en una alineación, creando lo que llamamos en la 'Unión Yo Soy' un templo alfa. Podía ver la sintonización reverberando a través de toda mi red neuronal cuando me mostraron mi cuerpo en la oscuridad. Entonces pude ver que las neuronas comenzaron a activarse y dispararse, representadas en luz azul y púrpura, como si hubieran sido reiniciadas. Las luces empezaron en mi corteza cerebral y viajaron hasta el haz de nervios de cauda equina en mi sacro, como una red de una ciudad iluminada por la noche.

Después, tuve lo que llamamos un dolor de cabeza en construcción que duró varias semanas. También tuve un bloqueo particularmente profundo que había estado afectando tanto la elevación, como la sanación de los chakras raíz y sacro.

Una cosa interesante acerca de esta meditación es que fue una de las primeras veces que pude llevar telepáticamente a las personas conmigo al templo. Y pronto me di cuenta de que no estábamos en el templo per se. Un buen porcentaje del grupo regresó de la meditación, todos describiendo cosas similares. Pudieron ver lo que estaba viendo y experimentar lo que estaba experimentando.

En otro viaje de meditación al templo de la luz, pensé que estaba mirando por la ventana en un centro de curación, pero el cielo tenía el color y la consistencia equivocados. Me di cuenta de que no era el cielo de la Tierra. Estaba en un barco gigante en el espacio. Comencé a escuchar esta voz que me hablaba:

"Querido mío, preguntas si tu misión es sanar, enseñar y guiar, y está más allá de eso. No has estado alcanzando o pensado lo suficientemente grande. No eres de esta Tierra, aunque has vivido aquí desde el principio. Estás aquí para (hacer) grandes trabajos. Estás aquí para esta vida, y cuando regreses, te daremos la bienvenida a tu hogar (de nuevo), una bienvenida de héroe (me recordó a un soldado que regresa a su casa). "No temas. No temas. No temas".

Unas semanas más tarde, cuando estaba trabajando en las piezas finales del protocolo de Marconics Luz Infinita Unión 'Yo Soy' con una amiga, ella también tuvo una integración del ser superior en la mesa de masaje; Era como verla dar a luz. Mientras trabajaba, recibí una confirmación sobre lo que ella estaba experimentando y cómo la energía fluía. Los ángeles estaban moviendo mis manos en nuevas posiciones y explicando la información que ya me habían dado. Explicaron cómo y por qué. Y ahora, finalmente, después de dos años, toda la información que había estado recibiendo comenzó a unirse.

Sabía que esta era la razón por la cual tuve que dar testimonio en Provincetown el mes anterior. Sentí que me colocaron en esa clase y nos dirigieron para que pudiéramos refinar estas piezas. Fue así que entendí la gravedad y la ligereza de lo que estaba sucediendo.

Más tarde esa semana, fui a una ceremonia de graduación, y en medio de este evento, el rayo del Serafín volvió a brillar. Pedí apoyo en la ceremonia, ya que iba a enfrentar a algunas personas poco amables de la familia de mi esposo. Pedí que el Federación Galáctica de la Luz me rodee y me proteja y me ayude a permanecer en las frecuencias vibratorias más altas. Podía sentir el aumento de la energía, como si un foco estuviera sobre mi cabeza. Cuando estaba tomando fotos del evento, de repente pude ver el rayo. Mi esposo me aseguró que era un problema con la lente de mi cámara, pero eso no podía explicar la frecuencia que sentía, el aumento en la vibración de las personas a mi alrededor, o los orbes de luz verde y azul que entraban y salían del rayo para bailar alrededor de mi hijo y luego desaparecer. Algo definitivamente estaba tratando de llamar mi atención, y estaba funcionando.

Unos días más tarde, me uní a Alison y al equipo en Vermont para la convención anual de dowser donde teníamos una exposición. Estaba sintiendo una sensación de anticipación; Realmente puede sentir el rayo cuando estaba activo. Nos siguió hasta la convención y permaneció allí todo el tiempo.

Alison y yo hablamos sobre mis experiencias recientes. Ambas estábamos entusiasmadas porque reconocimos que nos estaban dando la siguiente fase de Marconics. Nos sentimos urgidas a seguir adelante, y Alison me pedio ser parte de Marconics. No lo podía creer. Aquí estaba esta increíble mujer que me abrazó y quería que fuera parte del equipo de una manera muy grande. Me sentí muy honrada.

Esa noche, Alison y los otros oradores presentaron un segmento de dos minutos que iba a ser un comercial para el taller del día siguiente y los eventos de conferencias. Había escuchado a Alison canalizar a Gracia antes, pero esta fue la primera vez que escuché a Gracia hablar.

Alison salió al escenario, y la energía que había estado subiendo alcanzó un nivel electrizante. Mientras hablaba, su voz era diferente. Su presencia era diferente. Esto no fue una canalización. Alison *era* Gracia.

"YO SOY el Avatar Elohim La Gracia de la Federación Galáctica, la Alianza Interestelar y la Alianza de los Mundos. Y les hablo a aquellos en los que esta noche puedan escucharme. Sé quiénes son. Son los arquitectos del nuevo mundo. ¿Saben que este es el séptimo intento de llevar tu planeta a la luz? Seis intentos anteriores han fallado porque muchos Trabajadores de la Luz todavía no pueden distinguir la diferencia entre la luz y la falta de la luz. Esto es el llamado del clarín. Ahora deben elegir y lo harán. Serán apoyado en cualquier decisión que tomes. Por favor, sepan que son amados." -Elohim La Gracia dicho por Alison David Bird

Incluso ahora, mientras escucho la grabación o leo el pasaje, reacciono tan fuertemente como lo hice esa noche. Mi respiración se atasca, mi corona se estremece y mi cuerpo se cubre de la piel de gallina. Sabía que Gracia me estaba hablando esa noche, y con lágrimas corriendo por mi cara, *la escuché*.

Otra miembro del equipo que es un canal muy claro de comunicación, estuvo presente en la convención ese fin de semana y confirmó que ella también podía sentir los rayos y verlos sin el beneficio de una cámara. Ella se comunicó con ellos. Le dijeron que los seres asociados con los rayos son mi familia galáctica. Ella dijo que sus nombres eran algo como serafines, pero no, era más como "seraferiam". Y lo aprendimos fue que era Serafina.

Capítulo 17

Serafina

Tuve que dejar la convención de los dowsers para dar una clase en Massachusetts. Esto requirió un viaje largo de aproximadamente tres horas, en un viaje de ida y vuelta de entre los lugares de Massachusetts y Vermont. Me encantan los viajes largos en coche (auto). Rara vez enciendo la música a menos que esté cansada. Normalmente solo pienso. Es tan tranquilo. Decidí que hablaría con mi familia galáctica y vería si respondían.

¿Sala de control a mayor Tom...?

La Serafina respondió.

"Hay quienes caminan entre los Trabajadores de la Luz que han contratado para recibir a tu alma superior. Tú (Lisa) pensaste que no estabas trabajando en la Ascensión de la Tierra, que simplemente estabas trabajando para atraer la energía del alma superior ... qué tontería, porque la Tierra no puede ascender, no puede sostener el Cambio sin la presencia de suficientes de ustedes que llevan la vibración del alma.

"A medida que creas el portal para tu corona (chackra) y el portal de tu avatar (chakra raíz), creas el espacio para que tu alma superior viaje para integrarse en el cuerpo. Esto debe hacerse, esto debe hacerse. Todos estamos trabajando a una velocidad vertiginosa hacia un objetivo común.

"Debes elevar tus vibraciones.

"Desde la perspectiva humana, esto parece una tarea imposible, y temes estar fallando. Si pudieras ver esto desde nuestra perspectiva, verías que esta misión es demasiado importante para fracasar, y te ayudaremos. Y como dijo Gracia, debes ayudarte a ti misma.

"No tengas miedo. No temas, no temas. Temores ... temores ... (pidiéndoles que aclaren) *el miedo eclipsa al Trabajador de la Luz".*

"Te llamas Serafina. ¿Qué significa eso?"

"Somos los creadores del mundo ... somos los creadores del mundo en la séptima dimensión. Nos conocen como la luz. Nos comparan con los Elohim. Y hemos estado observando y esperando ..."

"¿Qué?"

"Que el momento sea correcto. Para que estés lista. Eso es suficiente por ahora".

Hablé con Alison sobre mis intercambios iniciales con la Serafina y le conté que habían dicho: "Puedes llamarnos los ángeles de la Atlántida". Le expliqué que estos son ángeles galácticos; No tienen alas ni halos. Alison y yo nos quedamos charlando por un buen tiempo, y ella se refería a mí como "tú y Lisa". Pensé que era extraño. Pero luego me di cuenta de que ella había integrado con Gracia, y me di cuenta de que Gracia hacía referencia a mi ser superior y a mi encarnación actual. Así que finalmente dije: "Alison, me sigues diciendo: 'tú y Lisa'. ¿Gracia está hablando con mi ser superior? ¿Conoce Gracia mi ser superior?

Alison parpadeó y tenía una expresión de pregunta en su rostro y luego dijo: "La respuesta inmediata fue: 'sí, sí, sí'. Gracia dice: 'Sí'.

En el camino, le pedí a mi familia de alma que se presentara. Hablé en voz alta que estaba emocionada y ansiosa por conocerlos. No podía esperar para aprender sus nombres, para trabajar con ellos, y para servirles y cumplir la misión de mi alma aquí. Después de una noche de hablar con Alison y darme cuenta de las sincronicidades y cómo han cambiado las líneas de tiempo, pude sintonizar profundamente la emoción de saber que realmente estaba y estoy donde se supone que debo estar. Sabía que me habían guiado para un propósito mayor que el que podía ver en este momento.

Me acosté en la tranquilidad del dormitorio y comencé a hablar con la Federación Galáctica de la Luz y con mi familia galáctica. Les estaba hablando desde un lugar de sinceridad y pedí una conexión con mi ser superior. Estaba sintiendo un poco de ... no celos porque no es la palabra correcta, sino admiración y anhelo - admiración por la valentía de Alison al salir frente a una audiencia para reclamar su "YO SOY" y un anhelo de saber por mi propia conexión Quién Soy.

Le dije a mi ser superior que estaba lista para esa integración.

Invité esa conexión y pedí que se realizara una integración si eso estaba alineado con el bien de todos. Por supuesto que no esperaba un rayo ni nada así, pero estaba esperando una respuesta. Así que escuché, y esperé. Comencé a sentir estas vibraciones corriendo por mi cuerpo. Se sintió como cuando estoy sobre la mesa de masaje, con la energía de Marconics corriendo en mí.

También comencé a notar zumbidos en la distancia. Sonaba como voces apagadas que venían de muy lejos. Yo escuchaba más atentamente. De repente, estaba empezando a captar cada tercera palabra, y tuve la visión de seres de la luz alrededor de una mesa pequeña discutiendo. Vi una figura femenina apoyada contra lo que parece ser una figura masculina como si estuviera descansando sobre él, como para apoyarse. Fue un gesto amoroso. Y luego tuve la sensación de que había un consenso en torno a la mesa. Luego vi un grupo parado en un rincón susurrando, y hablaban sobre mí, y luego dejaron de hablar y me miraron. Pero en lugar de cambiar de conversación, cambiaron la frecuencia a tonos que no pude entender. Casi como "¡Oh, diablos! ¿Está ella escuchando?"

Fue como si sintonicé en el momento exacto en que se dieron cuenta de que podía escucharlos.

Me sentí como si me hubieran echado afuera de la habitación, porque eran conversaciones de adultos solamente. Así que esperé, y los invité de nuevo. Entonces me recordaron que cuando soy paciente y solo permito que las cosas sean, suceden de una manera que proporciona mucha más gracia de la que yo podría crear.

Después de unos momentos, pude sentir el aumento de energía y mi cuerpo estaba empezando a temblar. Sentí una presencia conectándose conmigo, y escuché la voz de un hombre en mi oído. Podía sentir el eco de la vibración de las cuerdas vocales que viajaban a través de mi tímpano, por mi cuello y mi hombro. La voz dijo: *"¿Ariel? ... ¿Te llamas Ariel? ... De acuerdo, entonces ... Ariel."*

Me di cuenta de que era la voz del príncipe Eric de la película de Disney *La Sirenita*. Era la escena donde Eric finalmente adivina el nombre de Ariel.

Y luego todo encajó en su lugar.

El rayo violeta que había visto siguiéndome a mi alrededor y la llama violeta de San Germán en el cartel que ha estado colgado en mi oficina durante años (que Ariel dice es una representación de nuestra conexión con los angelicales, cómo nos conectamos físicamente con el reino angelical de 3D) fueron uno en el mismo. Me di cuenta de que ese rayo de luz es la forma en que viajamos y salimos de las dimensiones ... todas las cosas provienen de la Luz Infinita, entran y salen de la Luz Infinita. La Luz Infinita no es solo *una* energía, es nuestra energía del alma, todas las cosas provienen de la Fuente. Y luego, de repente, me di cuenta de que desde que estaba en la mitad de mis veinte años, decía "Invito al Arcángel Ariel" al comienzo de cada sesión de sanación y al comienzo de cada meditación. Comencé a pensar cuándo solía pintar, las pinturas realizadas entre 1992 y 2005 (olas rompiendo contra acantilados con la cabeza de una mujer saliendo del mar, la mujer bajo el agua rodeada de luz dorada y tortugas marinas, ambos de carácter atlántido, la mujer tan grande como el universo embarazada de galaxias (mi descripción de Gracia), mi "otra madre", y supe que todo esto era Ariel. Mi alma superior es Ariel. Y ella es una Serafina. El ángel de la Atlántida. Un creador de mundos. YO SOY Ariel. Soy el avatar del Arcángel Ariel. Tenía escalofríos.

A la mañana siguiente, salí a la sala y le dije a Alison que pensé que me habían dicho un nombre. ¿Podría ella confirmarme que tenía el nombre correcto? Ella sintió que *sí*. Sin saber nunca el nombre que me habían dado, otros dos canales de comunicación en el equipo también confirmaron que estaba en lo cierto.

Sabía que iba a recibir parte de Ariel durante ese fin de semana. Los rayos de luz habían sido intensivos, y los había estado sintiendo descender sobre mi corona y llenando todo mi cuerpo con su energía.

Alison pidió que un voluntario fuera un cuerpo sobre la mesa para demostrar la coronación en clase, y supe cuándo se dio la vuelta y me miró lo qué iba a pasar. Yo sabía que ella también lo sabía.

Cuando me acerque a la mesa, ella me dijo: "¿Estás lista?"

Y yo dije, "sí". Antes de que ella entrara en mi campo de energía, sentía que mi cabeza estaba siendo inundada de luz, y podía sentir la estructura conocida como el templo alfa girando y vibrando en mi cabeza. A medida que la energía aumentaba, sentí que estaba ondeando. Sentí que la luz líquida se deslizaba dentro de mi cabeza y viajaba hacia mi cuerpo físico, ondeando en un movimiento serpenteante. Me llenó, comenzando en mis piernas y caderas, luego en mi torso, y regresó a mis hombros y mi cabeza. Era hermoso y tan completo; No sabía si podía contenerlo. Tuve la clara sensación de estar llena hasta rebalsar. Ni siquiera tenemos una palabra humana para describirlo. Y cuando todo terminó, me sentí extasiada, emocionada, llena de amor y ansiosa por seguir adelante.

Después, tuve la sensación de que me estaban ajustando. Durante unos días, sentí que me estaban enderezando como una correa de sostén torcida. Luego hubo una gran ola de limpieza emocional y espiritual. Hubo momentos en los que lloraba, me enojaba o me sentía muy sensible sin ningún estímulo aparente. Alison bromeó y me dijo que sonaba como si Ariel estuviera revisando mis cajones y tirando lo que no servía.

Es importante comprender que no invité a una persona espiritual, a una entidad ni a ningún tipo de posesión. Ariel es mi alma superior; Ella soy yo, o más exactamente, soy una expresión de ella. Nos reunimos durante la coronación y nos integramos completamente unas semanas más tarde durante una sesión de Luz Infinita Unión Yo Soy.

Cuando entró en mi cuerpo, me mostró una nueva estructura geométrica de luz que se construiría en la cabeza, y cuando se construyó, ella puso como un traje en mí. Ariel me había reclamado como su avatar en este mundo y se ha integrado en mi cuerpo.

Ariel, el Arcángel, se ha presentado como el líder Serafina. Ella estaba desconcertada por mi uso de la palabra *líder* porque las Serafinas se consideran a sí mismos como individuos, pero, a la vez, una presencia unificada, como hojas en un árbol. Así que puede ser más preciso describirla como la embajadora que ha dado un paso adelante para que las Serafinas sean reconocidas en este plano; sin embargo, al mismo tiempo ella es su líder, el comandante de las legiones angélicas, el guardián y el guardián de la superación. Ella responde y es la protectora de Gracia.

Las Serafinas han dicho que son ángeles galácticos. Uno de sus lugares favoritos para estar en esta estructura universal es en la séptima dimensión, la cual consideraríamos como la energía de Atlantis. Son los creadores de nuevos mundos dentro de la séptima dimensión, que es amor, luz y vibración, geometría y creación, y sonido y armónicos.

Desde el momento de su introducción inicial, he podido detectar la presencia de Serafinas de forma regular. Puedo sentir la presencia de sus rayos si estoy "trabajando" o no. Desde la integración con Ariel, ella los llama, y aparecen. Simplemente pienso en ellos, y puedo sentirlos alrededor mío. Cuando se perciben, puedes detectarlos como un rayo de luz o verlos en tu visión periférica como orbes rojizos / rosados. También pueden percibirse como una frecuencia de energía extremadamente fuerte y enfocada, como si un foco se estuviera proyectando en tu cabeza o como si estuvieras en una sala de bronceado, extremadamente caliente, intenso y cercano. También puedes verlos como formas geométricas y de patrones.

Entendí por Ariel que era bastante importante que Alison y yo trabajáramos juntas, porque eso fue lo que permitió que la presencia de Serafina se uniera a Marconics, y reunirse con los Elohim. Es por eso que ahora estamos dando a luz a estos seres superiores y divinos. Se necesitaba un pasaje seguro, para las naves extraterrestres y las naves liberadoras (a través de los portales estelares), y estamos haciendo que esto suceda dentro de las vigas de las Serafinas. También entendí que Ariel decidió venir porque yo necesitaba ser más fuerte en vibración para sacar esto adelante con Alison y Gracia.

Elohim La Gracia compartió lo siguiente con nosotros:

> *"No nos preocupa cómo dividen este servicio entre ustedes en su reino. Nos preocupa únicamente que el trabajo se entregue en un formato cohesivo.*
>
> *"Entendemos que es difícil para ti, Alison, cuando estás acostumbrada a luchar constantemente con las demandas de la tercera dimensión, en términos de cómo trazar tu camino a través de las aguas turbulentas del comercio y la industria en tu mundo. Has aprendido que necesitas protegerte a ti misma, así como a tu trabajo, y como custodia de Marconics, no puedes romper las reglas.*
>
> *"Marconics es el caballo, Luz Infinita es el carruaje; el carruaje es estático sin Marconics. Ustedes han sido elegidas por sus experiencias y talentos, tanto aquí como en otros mundos, y por sus habilidades para atravesar dimensiones.*

"Puedes poner en práctica el procedimiento que otros no pueden, puedes ver al lobo en los árboles, puedes preparar y proteger de una manera que otros no pueden.

"Marconics avanza en su visión, en su nombre. Eres Marconics en este plano.

"Pediste que alguien sea tu compañero y testigo en este viaje. Lisa se ha ofrecido para brindar ese amor y apoyo, y tiene la capacidad de mantener la mente despejada para recibir las descargas que mejorarán los protocolos de transformación. Debes dirigir tu enfoque en otras áreas. Tú eres el albañil, el constructor, viertes los cimientos, construyes el Templo. Lisa llenará el Templo con luz.

"Sin el templo, la luz no podría ser contenida; no podría ser enfocada, solo desactivada y sin forma. Lisa necesita orientación. Su esencia angelical es ligera y pura, y ella no verá las trampas. Tu naturaleza más pragmática de Elohim te permitirá ver una gran cantidad de colores que son invisibles para Lisa. Tira la arcilla y moldea la olla; Lisa llenará la olla con agua ". - Elohim La Gracia

"Te creo, Lisa, eres la luz; yo soy el sonido. Soy la conciencia; tú eres la creación. Tú eres el portador de la luz; yo soy el portador del linaje". - Alison

Capítulo 18

Mi Vida con Ariel

Esta integración del alma ha creado una paradoja humorística en mi realidad. Por un lado, tengo un guardián galáctico arcangélico meta-terrestre y multidimensional colgando en mí que tiene la tarea de crear casas seguras para las almas y así ayudar a salvar el universo. Por otro lado, cambio los pañales, juego con Legos y tengo una vida normal con mi esposo. Como a uno de nuestros amigos le gusta decir: "Después del éxtasis viene lavar la ropa."

No es de extrañar que me siga refiriendo a Ariel como si ella estuviera separada de mí. Lo hago para mantenerme cuerda.

Una de las cosas más profundas que Ariel me ha dicho fue en respuesta a mi preguntándole si necesitaba ayuda para poder escucharla mientras nos integramos. Ella respondió en voz alta y con fuerza.

> *"YO SOY la vibración llamada Ariel, el Arcángel. Creador de los mundos y guardián de las almas. No necesitas llamarme. Estoy aquí. Simplemente escucha. No necesitas discernir lo que estoy diciendo; lo sabrás. Soy yo y yo soy tú. Simplemente habla, y las palabras fluirán."*

Después de escuchar ese mensaje, lo dejé ir y me permití confiar en lo que estaba sucediendo. Gracias a esto, puedo sentir cuando ella quiere mi atención o tiene algo que decir. Puedo sentirla entrando a mi cuerpo físico. Si confío en ella y conozco su vibración, ella ha estado permitiendo que más y más información sea accesible para mí. No puedo llamarlo canalización porque ella soy yo. Solo soy yo accediendo a mis propios recuerdos y conocimientos.

Ariel me ha mostrado hermosas visiones, recuerdos, de estar en un vasto y hermoso recipiente. Los invito a imaginar si así lo desean ... paredes y pisos blancos y delicados, cuartos de espera y de trabajo con muebles y estructuras que parecen estar hechos de luz pero que son lo suficientemente sólidos como para soportar peso. Es prístino, pero no clínico. Ordenado pero acogedor. Hay un atrio que podría fácilmente empequeñecer el Parque Central, con flora y fauna similares, pero a diferencia de cualquier cosa en esta Tierra. Hay una serie de cascadas, y puedes escuchar el agua corriendo creando un fondo de ruido blanco. Parece que no es una fuente de luz directa, pero todo brilla con una luz blanca difusa, suave y gentil.

Hay oficinas donde los seres están trabajando diligente e incansablemente hacia nuestra agenda de Ascensión. Hay aulas donde a los seres se les enseña acerca de nuestros esfuerzos en la Tierra, donde hemos tenido éxito y donde hemos fallado. Elohim La Gracia ha dicho que este es nuestro séptimo intento de llevar la Tierra a la luz. Hay mucho en juego, ya que no solo es el séptimo intento, sino el último. En las aulas, estamos trabajando rápidamente para registrar y enseñar el conocimiento de nuestros éxitos y nuestros fracasos, ya que esta experiencia puede recrearse en otra dimensión en otra parte del universo.

El centro de comando es una sala grande con una mesa de consola circular en el centro. Generalmente hay un holograma, donde se reúne el consejo en su centro. Cuando veo esto, generalmente es un holograma de la Tierra en una de las dimensiones, en una de las líneas de tiempo. El consejo que se sienta está cubierto de un filtro de luz azul o azulino. Lo he visto a través de los ojos de Ariel, y lo he visto a través de los míos.

Capítulo 19

La Fe, Lo Bello y Lo Terrible

F e es un término que se siente como un objetivo espiritual, y lo usamos como la palabra "amor." Usamos esta palabra sin tener una comprensión verdadera de lo que significa tener realmente fe y actuar con fe.

Era pleno verano, y el equipo de Marconics estaba en New Hampshire enseñando una clase de Marconics Sanación 'No-Contacto.' El equipo se quedó una noche extra después de que el evento terminara. Decidí que después de ayudar a enseñar y estar en la energía todo el día, quería tomarme un tiempo para descomprimir y disfrutar de mi "ser" antes de viajar regreso a casa.

Había sido un fin de semana increíble. Tuvimos un número de estudiantes que recibieron integraciones y alineamientos superiores durante las coronaciones. Alison estaba trabajando en uno de estos estudiantes, y yo estaba llamando a la secuencia. Cerramos los ojos. La vibración en la habitación había aumentado, y podía sentir una enorme luz a la derecha detrás de mí. Tres rayos de energía vinieron a través de este, y las integraciones comenzaron simultáneamente. ¡Fue asombroso!

Ese día, Ariel me había dicho que no era la primera vez que me ponía la medalla (haciendo referencia a mi collar reservado para los profesores de Marconics). Sabía que ella se refería a las encarnaciones pasadas en la Tierra, así como a las encarnaciones no terrenales.

> *"Las tropas se están desplegando porque las líneas de tiempo se están acelerando y las apuestas están aumentando.*
>
> *"Tú compararías esto con 'enviar a las fuerzas navales'. Estamos enviando a soldados a tierra para que te apoyen. Por eso hubo tantas integraciones. Confirmamos lo que sabes. Sin la presencia de los seres superiores, el proyecto Tierra no puede tener éxito. Somos las "grandes armas". Esta es la razón por la que percibes que los egipcios y los angelicales están tan presentes. Estamos jugando al loto, y estas son las elecciones de primera ronda.*
>
> *"Te recordamos que la integración de las almas supremas es fundamental y necesaria para que el proyecto Tierra continúe. Para tener éxito.*
>
> *"Piensa en las integraciones de los seres superiores como un cuarzo. Con todas las vibraciones juntas, la energía del encarnado se magnifica y alcanza la frecuencia de la Ascensión. El alma suprema es la Luz Infinita.*
>
> *"El rayo violeta de Serafina es el canal de viaje para la Luz Infinita, el alma suprema. El rayo violeta es un portal (como un tubo del metro) hacia Alcíone (estrella), la fuente de las almas." - Ariel*

Esa noche, Alison, Abby y yo estábamos paradas en la cocina hablando. Algo había sucedido semanas antes, lo que me hacía cuestionar mis habilidades como curandera.

Una cliente mía, en la que no había trabajado en aproximadamente un año, había aparecido en una feria psíquica muy pequeña en la que yo era vendedora. Entró en una sesión con un conocido profesional mío que es un curandero y vidente muy dotado. Al final de la sesión, el sanador mencionó que la cliente tenía un bloqueo importante en el chakra plexo solar. Esto no me sorprende en lo más mínimo. La cliente es una mujer muy dulce y sincera que tiene un cierre en el departamento de poder personal. Pregunté cómo fue la sesión, esperando sinceramente que esta mujer recibiera ayuda para reconocer el bloqueo y liberarlo.

El sanador me dijo que una vez que estaba en el campo de energía, podía ver un cordón en el estómago que era del tamaño de un tronco de árbol y que era el resultado de un karma equivalente a un milenio. Él tuvo que pedir ayuda al Arcángel Miguel. Él pidió la asistencia de otro sanador y dijo que Miguel trajo con él a otro ángel.

"¿Alguna vez has oído hablar de Arcángel Miguel necesitar ayuda?" preguntó ella, con los ojos muy abiertos.

"No, no. Nunca."

Después de quitar esta cuerda gigante del tamaño de un tronco de árbol, ella dijo que era una entidad que se escondía en el chakra. Estaba creando un giro falso en el chakra para no ser detectado. Eliminaron la entidad, y ahora todo estaba claro.

Me sorprendieron y molestaron los detalles de la sesión de curación. Por un lado, estaba tan feliz de que mi cliente estaba siendo ayudada, y por el otro, entré a un lugar de ego. ¿Cómo no había detectado este cordón del tamaño de un tronco de árbol que sobresalía de su plexo solar? Es un poco difícil perder algo así, ¿verdad? Cuestioné seriamente mis habilidades como curandera. La historia sonaba tan fantástica que no estaba segura de si realmente podía creerlo. Sabía que este curandero amigo no tendría ninguna razón para inventar una historia así… ¿pero entidades que se esconden en los chakras? ¿De Verdad? Esta historia no coincidía con mi sistema de creencias.

Cuando compartí la historia con Alison y Abby, ellos asintieron con la cabeza y lo captaron todo. Las había escuchado hablar antes sobre entidades o energías más oscuras que se unen a las personas, así que estaba buscando orientación.

Alison y Abby hablaron largamente sobre sus experiencias. Abby podía ver entidades que están vinculadas a las personas.

Básicamente, los seres de baja vibración pueden limar o unirse a una vibración más alta si hay agujeros en el campo de energía individual. Los programas y las emociones que llevamos, como los sentimientos de ser víctimas, las adicciones y los sólidos fundamentos del miedo, la ira y el resentimiento crean patrones de energía discordantes en nuestro campo de energía: la firma energética del campo morfogenético envía reflejos a través del campo unificado. Como un tiburón que nada en las aguas buscando su próxima comida, los seres con vibraciones más bajas detectarán a los seres angustiados en las ondas de energía y los persiguen.

Sabía que Alison y Abby me estaban diciendo la verdad. Podía sentir la vibración de lo que decían. A pesar de que recién las estaba conociendo, a nivel del alma, sabía quién Alison era, y ya había tomado la decisión de confiar en ella plenamente.

Entonces, ¿fui yo?

Sabía que mis creencias gobiernan mi experiencia, y mi experiencia gobiernan mis creencias. Nunca me permití creer en energías oscuras; por lo tanto, nunca las experimenté. Y como nunca las experimenté; por lo tanto, nunca pensé en ellas.

¿Cómo podría pasar el fin de semana ayudando a los seres superiores a integrarse en los cuerpos encarnados, sin embargo, no pude detectar la presencia de un ser de baja vibración? Sí, era yo.

Si un árbol cae en el bosque, realmente hace ruido. Alison y Abby me aseguraron que no había nada malo en mí. No obtuve una F como curandera. Simplemente, no estaba abierta a esta clase de experiencia; Vibracionalmente, no podría haberla experimentado.

Entramos en la sala de estar, y Abby se ofreció a canalizar, ¡estaba tan emocionada!

Abby se sentó y comenzó a dar mensajes. Era como si ella hubiera marcado el 1-800 en el reino celestial, y podríamos hablar con quién quisiéramos. Alison la llamó ser multivector. Es un regalo raro poder conectarse como un operador multidimensional. La mayoría de los canales verdaderos se enfocan en un ser con el que se conectan y desarrollan una relación con él.

Abby tradujo cosas que sabía que eran 100 por ciento verdaderas porque podía sentir la vibración de la misma a través de mí, y mis brazos estaban cubiertos de piel de gallina. La canalización continuó durante un tiempo. Los representantes de los Elohim estaban complacidos con nuestro progreso y compartieron que nos habíamos movido hacia la próxima ola de la Ascensión.

Nos preguntaron por nuestro compromiso. Especialmente, me preguntaron sobre mi compromiso. Alison me explicó por qué ellos (allá arriba) eran tan perspicaz sobre el compromiso. Ella explicó que hasta que te comprometas, el universo no puede conspirar para ayudarte, y ella compartió conmigo su experiencia en St. Johnsbury.

Sabía que esto también era cierto para mí.

Yo estaba comprometida. Dije que estaba adentro, pero, ¿solo querían un 30 por ciento para comenzar? No estaba segura de cómo me sentía al respecto. A medida que avanzaba el tiempo, aprendí que simplemente no sabía en ese momento cuán comprometida estaría o entendería lo que tendría que hacer para estar "adentro".

A medida que avanzaba la canalización, Abby se conectó con otra vibración y algo cambió para mí. Hice algunas preguntas y algo me hizo sentir mal. La vibración era diferente. Algunas respuestas se sentían verdaderas, lo que equivalía a una corriente eléctrica a través de mi cuerpo. Otras se sentían neutrales, y otras me hacían sentir un poco angustiada físicamente, como un nudo en mi garganta. Le pregunté específicamente si mi participación en Marconics me estaba salvando la vida. La respuesta fue sí. Recibí una confirmación de lo que ya sabía en un nivel profundo: respondí un llamado, cambié mi contrato y me volví a inscribir para trabajar desde *este* lado. La forma en que la respuesta fue entregada en la canalización se sintió más grave. Podría alejarme, tengo el libre albedrío y todo, pero luego, como ellos lo llamaron, "abandonaría el planeta". Básicamente moriría.

No tenía fe en mi propia capacidad de discernir en ese momento porque era la primera vez que participaba en una canalización. No sabía lo que se suponía que debía sentir o experimentar. En mi experiencia, se suponía que el Espíritu era amoroso y amable, no amenazador. Ellos mismos me dijeron que estaban eligiendo curarme porque yo había elegido cambiar la línea de tiempo. ¿Por qué amenazar y crear miedo?

Al final de la canalización, decidimos irnos a dormir. Estaba en la planta baja, Abby en el primer piso y Alison en el segundo. Bajé las escaleras y pude sentir la energía cambiante mientras me acercaba a mi dormitorio. Por un momento, debatí sobre subirme al sofá, pero luego decidí meterme en la cama.

Mientras me acostaba en la cama, tenía una vista clara de la entrada. De repente, se encendieron las luces exteriores de movimiento. Entonces oí que un automóvil se detenía. El motor se apagó y las puertas se abrieron y cerraron. Los faros se encendieron y apagaron. Luego más autos. Las luces exteriores se apagaron y encendieron nuevamente, luego se apagaron nuevamente. Desde la cama, pude ver que no había nadie ni nada allá afuera.

Discutí brevemente si iba a acostarme con Abby o Alison. ¿Qué les diría? ¿Tengo miedo de la oscuridad? ¡Dios mío, tenía que controlar mis miedos!

"Está bien, esto es suficiente para mí. ¡Estoy cerrando los ojos!" Le dije a la oscuridad, porque claramente cuando uno tiene miedo, lo mejor que puedes hacer es cerrar los ojos y poner las cobijas sobre la cabeza. Cerré los ojos e inmediatamente vi a un grupo de humanoides sentados juntos en la mesa. Se sentía como si estuvieran descansando, en un café. Me acerqué a una mujer. Ella era hermosa. Tenía el pelo corto y oscuro, y, por su presencia, ella era la líder del grupo. La miré a los ojos, no eran humanos. No me dio miedo, pero no eran ojos humanos. Luego hizo contacto visual conmigo, y sentí escalofríos.

Se sentía como si ella estuviera mirando a través de mí, más allá de mí. Y de repente ella era terrible. Ella era terrible. Ella era hermosa y terrible, a la vez. Ella se volvió enorme, y su rostro se contorsionó mientras ella gritaba y gritaba. Sus colmillos estaban al descubierto, y honestamente no podía decir si estaba siendo atacada o si ella era quien atacaba. Tampoco estaba segura de sí estaba dirigido a mí o no. Podía sentir su furia y su deseo de proteger al grupo con el que estaba. Los gritos y chillidos produjeron ondas físicas de energía que podía sentir, tenían poderes creativos y destructivos.

Luego vi un enorme par de ojos de color negro, sin emoción y con forma de almendra cruzados frente a la escena; tomó toda mi visión. Mis niveles de adrenalina subieron por el techo y mi corazón latía con fuerza en mi pecho. "¡Vete!" Le ordené a los ojos negros. Podía sentir la densidad de sus vibraciones. Llamé a los ángeles y arcángeles y les pedí que me rodearan y me protegieran. Podía sentirlos como cuando un banco de peces se unen para crear confusión y protegerse de un depredador.

Los ojos se habían ido, y pude ver más allá del velo del espacio. Eran las conexiones fibrosas de los supercúmulos de galaxias gigantes, y pude ver dónde había seres escondidos. Era como un campo de refugiados.

Volví a ver a la hermosa y terrible mujer, y pude ver que estaba poniendo nuevamente su cara bonita. Para ser sincera, ella me asustaba. No sabía quién era o por qué estaba ahí. Entonces vi un ojo mirándome como si fuera desde el otro extremo de un catalejo. Mi visión se redujo, y había cientos de ojos mirándome. Lo siguiente que supe fue que estaba despertando con el sonido de mi despertador.

Esa fue mi iniciación en esta nueva realidad.

El reino angelical no es todo arco iris y estrellas; Esta había sido mi confirmación. Si iba a comprometerme y realmente hacer esto, entonces necesitaba tener fe. No era solo una cuestión de fe en el equipo, en Alison. Sino en tener fe en mí misma, de confiar en que me estaban poniendo en esta energía de crecimiento, poner a prueba lo que ya había dominado y llevarlo al siguiente nivel. ¿Estaba respondiendo al llamado del clarín?

Más tarde, Alison se conectó con Gracia en mi nombre y pidió una aclaración sobre lo que había sucedido.

"Gracia, Lisa está preocupada, piensa que haya algo extraño en la conciencia de Marconics y en parte de la información que recibimos. Nos sentimos afectadas de alguna manera y sentimos negatividad en la casa. Las experiencias de Lisa fueron increíbles y extremas. ¿Qué pasó?"

Gracia:

> *"Dos cosas separadas.*
>
> *"La verdad es subjetiva. No es absoluta. Un vaso de agua puede estar medio lleno o medio vacío, como lo veas depende de ti, ambos siguen siendo ciertos.*
>
> *"Cuando todavía tienes en tu mente un programa de miedo, la verdad puede parecer incómoda porque esta crea una respuesta fisiológica de lucha dentro del vehículo biológico. La energía cambia en la habitación.*
>
> *"Anteriormente, abriste conductos de frecuencias negativas al hablar con Lisa sobre tus experiencias anteriores con entidades negativas, porque sentías que ella necesitaba entender la historia de Marconics. Hubiera sido mejor haber hecho esto en un espacio sagrado. Los poderosos Seres que son, crearon portales para que las energías negativas se deslizaran directamente. Sus vibraciones disminuyeron y ustedes se volvieron detectables para ellos.*
>
> *"Es por eso que lo invitamos a controlar sus pensamientos, palabras y comportamiento. Tienen el poder de manifestarse instantáneamente. Como padres, les aconsejamos que no juegue con fósforos, pero parece que todavía los encuentran atractivos".*
>
> *"Con respecto a las canalizaciones ... Verteremos frecuencias en capas en el canal, y deben ser traducidas usando el marco de referencia del canal. La conciencia de Marconics no tiene lenguaje lineal.*

"El canal hizo esto con precisión. Lo que se expresó fue verdad. Puede que no haya sido cuidadosamente formulado con descripciones floridas y adjetivos, pero se trataba de una corriente de conciencia, no de un ser que se pueda filtrar.

"El término 'abandonar el planeta' es exacto. La muerte del mundo no existe para nosotros, por lo que la frecuencia de esa palabra no se cumple.

"No era una amenaza; era una línea de tiempo potencial y una línea de tiempo que Lisa ya había elegido para estar.

"Ella había decidido que esta vez se iría y regresaría a su planeta donde podría trabajar estrechamente con sus hijos detrás de lo que ustedes llaman 'el velo'. En su analogía, ella se convierte en la asistente detrás de la cortina.

"Alison había elegido entre una serie de potenciales puestos ante ella para entregar a Marconics. Esto requería que la persona con quien ella trabajara debía estar completamente comprometida. Alison optó por no continuar trabajando con cualquiera que no estuviera alineada a la misión.

"Ella hizo un pedido para trabajar con alguien que coincidiera con la visión que ella tenía de lo que ella cree que necesita para proporcionar Marconics.

"Lisa escuchó y respondió esa llamada, provocando que cambiara a otra línea de tiempo, habiendo decidido trabajar desde aquí. Si elige otra opción, no continuar con Marconics, podría cambiar entre líneas de tiempo y posiblemente regresar a esa línea de tiempo en la que estaba originalmente.

"Este era el mayor potencial que se podía ver; no era una amenaza, y tampoco un castigo. Eran simplemente observaciones".

"En el momento, Lisa bajó su frecuencia por miedos basados en su experiencia. Ella utilizó el juicio extraído de un marco de referencia que existe solo en esta dimensión."

Más tarde supe que la mujer que vi era Ariel; Es la forma en que se ve cuando toma una forma más densa. Lo que me mostró fue su memoria. Era su apego por la oposición, y me estaba mostrando la fuerza de las tropas angélicas. La sentí tan intensamente debido a nuestra conexión.

Esto fue un cambio en mi sistema de creencias, un cambio importante en mi fe. Durante años he pensado que los ángeles son luz y están llenos de amor ... ya conoces la imagen: alas grandes y suaves, halo brillante, sonrisa dulce. Ellos están en espera, infinitamente pacientes, esperando que los llamemos. Simplemente invítalos y déjate guiar.

Ver a Ariel parecerse a la versión de un vampiro de Hollywood, gritar una ola de sonido asesina y desterrar a las fuerzas de la oposición fue una visión de la realidad, la cual necesitaba tener si iba a seguir adelante. Necesitaba estar en completa alineación con ella (conmigo misma), confiar en ella (en mí), y tener completa fe en su (mi) misión.

Necesitaba ver que los arcángeles son guerreros porque eso es lo que son. Mi papel como Ariel y como Lisa es proteger la Luz Infinita, las almas, y brindar testimonio y protección a Gracia y Alison.

> *"Ha habido ocasiones en las que te has preguntado a dónde perteneces. ¿De qué lado estás realmente? ¿Cuál es la agenda? Se ha convertido en una cuestión de confianza. Has confiado en que estás siendo guiada hacia la agenda de la Ascensión, y esto es cierto. Se trata de saber que has estado avanzando con fe completa, sin importar los detalles, sabes que el resultado es para la Ascensión de la humanidad.*
>
> *"La fe es algo que solo se puede demostrar cuando tus creencias son desafiadas y puestas a prueba. Has visto cómo han caído algunos a tu alrededor, que cuando llega el momento de ponerlos a prueba, lo que dicen creer y lo que dicen que van a hacer no es lo mismo que lo que realmente creen y lo que realmente hacen. La fe no puede ser falsificada. No hay ejercicio para fortalecer tu fe fuera de pedir orientación, escuchar la respuesta y luego actuar sobre ella. Esta acción es una demostración de fe, y cuanto más demuestres, cuanto más confíes en lo que has actuado, más pedirás por guía y crearás una espiral positiva ".* - Ariel

Hay un componente importante en esto, y es que no puedes ser ciego en tu fe. Como con cualquier cosa, el discernimiento es críticamente importante. Esa noche, Gracia confirmó que abrimos un portal. Al hablar de las entidades de baja vibración en un espacio que no protegimos, abrimos la puerta para que una energía de menor vibración nos encuentre, de ahí el cambio en la vibración con la canalización, la extraña energía que sentía cuando bajaba las escaleras hacia mi habitación y los ojos negros, en forma de almendra. Fue mi fe en el reino angelical, lo que permitió que ellos aparecieran en el instante en que los llamé.

Entonces, ¿cómo uno discierne entre lo que es verdadero, lo que es el ego y lo que viene de un lugar que no es de la luz?

Para entender realmente esto, tendría que llevarte a la habitación 9 en un pequeño motel rural en el área de Vermont.

Uno de los compañeros de equipo había estado recibiendo una solicitud de un nuevo grupo de seres llamado "neph (o algo así)". Ella no podía pronunciarla o traducir la vibración al lenguaje humano. Todo lo que obtuvimos sobre el nombre fue "neph". Escuché acerca de esto mientras manejábamos desde el lugar donde estábamos hacia la habitación 9 del motel. Cuando escuché el nombre, Ariel se erizó y dijo en mi cabeza: "Nephilium". Así que pregunté si eso era lo que era. Alison giró su cabeza. No tenía idea de quiénes eran los Nephilium, pero por su reacción, claramente esto no era algo bueno. Otro compañero de equipo dijo: "No, no, eso no es lo que son".

Más tarde esa noche, nuestro compañero de equipo nos dijo que el "Neph" le pedía canalizar para poder compartir su mensaje.

Tan pronto como ella comenzó, la vibración en la habitación se desvaneció. Ariel se puso en alerta máxima.

Le lancé una mirada a Alison. Sin que yo lo supiera, ella ya había sospechado que algo estaba mal antes de que comenzara la canalización. Alison permitió que continuara para que pudiéramos escuchar lo que estos seres tenían que decir.

Estos seres que se comunicaban a través de la canalización de uno de nuestros compañeros de equipo eran súper amables, nos felicitaban y nos ofrecían regalos para ayudarnos a avanzar en la Ascensión. Eran más que generosos, y lo único que faltaba era una camioneta destartalada, dulces y un cachorro perdido.

Estaba mirando a Alison, *negando* con la cabeza. Como periodista, sus preguntas se volvieron más y más puntuales, lo que reveló una verdad más profunda en lo que estos seres estaban diciendo. No nos dirían su nombre, Neph sería suficiente y querían que nos apresuráramos y recibiéramos estos regalos. Teníamos que decidir en ese momento y allí. Actuar ahí mismo, antes de que sea demasiado tarde.

"No, gracias."

Estaba sintiendo dolor físico. Sentí que estaba siendo golpeada en el lado derecho de mi chakra plexo solar. Ariel estaba sonando como un submarino bajo ataque, con luces parpadeantes y un ruido horrible. Me sentí como una liebre escapando de un coyote. No podía esperar a que la canalización terminara.

El consenso del equipo fue que la canalización era precisa, pero la vibración estaba mal. Quienquiera que fueran estos seres, no queríamos formar parte de ellos. Fue un ejercicio importante para nosotros porque pudimos ver cómo reaccionó el equipo ante la vibración.

Quiero ser claro aquí en un punto muy importante. *La información que fue recibida y decodificada por el canal fue precisa.* Los seres querían ofrecernos regalos para ayudarlos con *su* agenda para la Ascensión, que no es lo mismo que *nuestra* agenda para la Ascensión. Lo que se sintió mal fue la vibración, el tono y la calidad de las palabras, aun cuando eran seductoras y suaves.

Aquí es donde el discernimiento y la fe deben ir de la mano. Es nuestra naturaleza querer confiar en los espíritus. Son de una vibración más alta que nosotros en esta encarnación, entonces, ¿por qué no podemos confiar en ellos? Ellos saben cosas, nos ayudan y nos guían. Recibimos afirmaciones de que lo que se nos decía era correcto.

Que el problema es ... ¿*cómo* sabemos qué es verdad?

Pero la verdadera pregunta es, ¿*en quién* creer? Porque, recuerda, la verdad es subjetiva.

Cuando comencé a hacer trabajos de energía, empecé a conectarme con seres de luz blanca que tenían el mayor bienestar y podían dar sanación a mis clientes. Con el tiempo, esto se transformó y empecé a trabajar con en el Arcángel Ariel y en los ángeles sanadores. Luego, se agregaron los ángeles y guías personales míos y de mi cliente. Después, agregue elementales, maestros ascendidos y ancestros.

Creo que en un momento incluso llamé a "toda la tropa del reino angélico".

¡Qué miedo!

Tuve mucha suerte, porque siempre pedí conectarme con "esos seres que solo residían en la luz blanca y tenían la sanación de mi cliente como objetivo" porque podría haber llamado una tormenta de basura sobre mí.

Hay dualidad y relatividad en todas las cosas. No puedes tener luz sin oscuridad. "Espíritu" es otro término general que deja mucho espacio para la interpretación. ¿Es el espíritu el aspecto del ser superior para un individuo que conserva su identidad humana en forma de espíritu en el plano astral? ¿Es el espíritu elemental y algo que viene del reino telúrico? ¿Es el espíritu un ser vibratorio superior que viene de otra dimensión, otra realidad? ¿Podría el espíritu ser oposición? ¿Angelical? ¿Creador?

La verdad es que el "Espíritu" puede ser todas esas cosas.

Así es como funciona en pocas palabras: si solo quisieras comer helado de chocolate, no pedirías toda la variedad de sabores; Pedirías chocolate. Lo mismo se aplica al "Espíritu".

Solo nos conectamos con seres de la más alta vibración dentro de la Federación Galáctica de la Luz. Los ángeles de "alas y halos" provienen de un reino lateral, y aunque se sientan al margen de la Federación Galáctica y la Alianza de los Mundos, apoyan la agenda de la Federación Galáctica de la Luz.

Recuerda que la Federación Galáctica de la Luz está formada por Pleyadianos, Acturanos, Sirianos y más de dos mil razas de seres de la luz que han logrado la Ascensión y han sacado a la luz sus mundos junto con los angelicales y los maestros ascendidos de nuestro mundo (y otros).

Cuando una nueva vibración da a conocer su presencia, le hago preguntas para saber con quién estoy trabajando.

"¿Quién eres tú?"

"¿Eres de la Federación Galáctica de la Luz a la que sirve mi ser superior?"

"¿Trabajas con la Federación Galáctica de la Luz a la que sirve mi ser superior?"

"¿Me estas mintiendo?"

Por lo que entendemos, si a un ser se le pregunta directamente si está diciendo la verdad, el ser debe responder con sinceridad.

Otro punto importante a recordar es que cada ser tiene una agenda. Nadie es desinteresado en esto. Seguro que los angélicos nos aman y quieren vernos triunfar en nuestra Ascensión ... porque a medida que avanzamos, llevamos a otros con nosotros. Sus hermanos caídos dependen de nuestro destino, de nuestra limitada energía cuántica en la tercera dimensión. Otros planetas ascenderán como lo hacemos nosotros. Aquellos que ya están en los reinos superiores subirán aún más. Como es arriba es abajo; como abajo, así es arriba.

Debes ser inquebrantable en tu fe de que todo lo que necesitas hacer es conectarte dentro y por encima de tu ser superior. Toda la información debe ser filtrada por tu ser superior. Esta es una parte de ti que no se ha encarnado en tu cuerpo físico y retiene la información sobre por qué estás aquí y lo que estás haciendo.

Así que cuando la información llegue a ti, siéntela. Siéntela con tu cuerpo, con tu corazón. ¿Qué sientes? ¿Estás cubierto de cosquilleo y de piel de gallina? ¿Se expandió tu corazón como en la película de *Grinch* y creció tres tamaños? O ... ¿sientes como si te hubieran dado un puñetazo en el estómago?

Escucha la calidad de las palabras, así como el contenido. ¿Se te está hablando de una manera firme pero amorosa? ¿O estás siendo sobornado, presionado por el miedo o persuadido por el ego?

Cuando te conectes, pide estar conectado a través de la Federación Galáctica de la Luz, solo a seres de la vibración más alta. Protégete de todos los demás de ti. Si no estás seguro de estar hablando con tu ser superior, solicita a la Federación Galáctica de la Luz que tu ser superior te ayude a establecer la conexión. Una vez que lo hagas, observa la vibración y recuérdala; se codificará en tu memoria celular.

Capítulo 20

La Integridad y el Tren 5-D

Cuando empecé a enseñar Reiki, pasé mucho tiempo enseñando a mis alumnos los Cinco Principios de Reiki de Usui. El que más llamó mi atención cuando yo era una estudiante fue: "Solo por hoy, haré mi trabajo con honestidad". ¿Uh, Hola? Por supuesto que haría mi trabajo honestamente. ¿Quién no lo haría?

Resultó que "honestamente" significaba realmente "integridad", y cuando leí el principio 'hacer mi trabajo con integridad', adquirió un significado diferente para mí.

Se estaban produciendo grandes cambios, y estaban sucediendo a un ritmo rápido. Esto era más que solo responder al llamado; Esto era llegar a la realización que esto estaba sucediendo. Me estaba alineando con el trabajo de mi alma en este planeta, con mi propósito divino, y viviendo con integridad de una manera que no lo había hecho antes. Lo que descubrí fue que cuando trabajas en alineación con tu ser superior (seres superiores) y te dejas fluir y no puedes hacer nada más que trabajar con integridad.

Me considero una persona espiritual. He estado en este camino desde mis veinte años. He estudiado y practicado y he enseñado a otros. Estaba operando bajo la impresión de que mi rol era capacitar a otros a través de la curación y la enseñanza. Cuando dejé el mundo corporativo y comencé a

163

enseñar y a ver clientes de manera activa y regular a fines de 2010, creí que estaba entrando en mi misión. Esto era todo, y estaba viviendo el sueño. Abrí una práctica y establecí un negocio. En 2013, invité a Marie a ser mi socia y, en mayo de ese año, abrimos a una oficina juntas.

Me encantó lo que estaba haciendo. Me encantó el efecto dominó de ver a mis estudiantes convertirse en maestros, abrir sus propios negocios y ayudar a sus propios clientes y estudiantes. Desde un lugar espiritual, estaba tan orgullosa, agradecida y honrada de haber hecho una diferencia. Esto fue en el momento de "George Bailey hace la revisión de la vida con Clarence ", y realmente estuve en los últimos años de su producción.

Lo que noté fue que a medida que progresaba más y más en Marconics, mi capacidad y deseo de conectarme con energías de tercera dimensión se volvieron cada vez más difíciles de mantener. Nunca he sido un coleccionista de certificados. Encontré la curación angelical (o, más bien, fui guiada a ella), y practiqué principalmente eso durante la mayoría de mis sesiones de curación.

> *"Cada persona, cada encarnado alcanzará un punto en su evolución donde deberá decidir en qué tren se encuentra. ¿Cuál es el destino del tren? ¿Será un destino al tercero? ¿O un destino al quinto y más allá?*
>
> *"No puede pretender ascender mientras se aferra como niños a una manta de seguridad, estando firmemente en el tercero. Si realmente cree que está capacitado con las energías de las dimensiones superiores y los reinos, entonces ¿por qué tendría que aferrarse a sus herramientas?*
>
> *"Cada persona, cada encarnado debe llegar a esta realización por su cuenta".* - Ariel

Mis problemas de integridad comenzaron con una clase de sanación angelical el fin de semana en que fui a la convención de los curanderos en junio de 2014. Abandoné el evento de Marconics para volver a mi oficina y enseñar una clase de sanación de ángeles con Marie. Nos habíamos comprometido previamente para esto. Luego tuve que abandonar esa clase para regresar a Vermont y enseñar Marconics. Fue la pieza final para mi graduación. En la clase de los ángeles, me encontré haciendo referencia a Marconics. Esto fue totalmente injusto para los estudiantes y para la energía de sanación de los ángeles. Tenían curiosidad por Marconics y hacían grandes preguntas. Pero al final, aunque enseñe sobre los ángeles, sentí que debía decir a mis estudiantes que había algo más fuerte y más poderoso. Lo reconcilié con el pensamiento, de que no todos pueden ir de cero a sesenta. ¿Acaso yo no recorrí un camino largo y sinuoso para llegar a dónde estoy? Por supuesto. Pensé que quedaría en mi un lugar para enseñar los conceptos espirituales y las energías de la tercera dimensión. Necesitábamos nuestra historia, un punto de partida.

Creo que parte de mi misión era despertar a otros para que se pusieran en su camino espiritual. Encontré el lugar perfecto para abrir mi oficina, al lado de una tienda de alimentos saludables y conectado a un centro de salud holístico. Me permitiría agarrar a los novatos que buscaban aprender y a los expertos que estaban despertando de la tercera dimensión.

Sí, ese era mi plan. El plan de mi ser superior era *diferente*. La última clase que enseñé en mi antigua oficina fue una clase de Reiki 1, y me fue muy difícil hacerlo. Presenté la energía de Reiki a un estudiante, le mostré las posiciones de las manos y le enseñé los conceptos, pero me sentí completamente fuera de alineación. Sí, hay un lugar en el mundo para la energía dimensional. Hay muchos hermosos trabajadores y seres de la Luz que se contratan para permanecer en la tercera dimensión y usan esas energías y modalidades. Me di cuenta de que ya no era uno de estos; mi contrato había cambiado. Estaba saliendo de mi integridad y la energía era discordante para mí. Estaba realmente en conflicto conmigo misma.

Después de que Ariel se integró en mí, descubrí que me estaba resultando difícil recibir otra energía que no fuera Marconics. En la oficina, Marie y yo organizamos sesiones de energía, permitiendo a los estudiantes y practicantes de todas las modalidades dar y recibir trabajos de sanación. En estas reuniones, rara vez me subía a la mesa. A veces, si había tiempo o un número desigual de participantes, lo hacía, pero no era lo normal para mí. Una noche, accedí a sentarme sobre la mesa para ayudar a un practicante de Reiki. La energía me era dolorosa. En realidad, causó dolor físico, y no podía esperar a que la sesión terminara.

Pensé con seguridad que era algo conmigo.

Y luego sucedió dos veces más, con otro amigo (un curandero de muy alta vibración) que corrió la energía de Reiki sobre mí. La primera vez fue incómodo, y la segunda vez doloroso. Tuve que tomar la decisión y no recibir nada fuera de Marconics. Pensé que estaría bien si simplemente participara como practicante, me conectara a Reiki o a la sanación angelical y lo reenviara a otros.

Pero eso *tampoco* resultó ser parte del plan.

Intenté ejecutar la energía 3-D, y no podía sentir nada. No podía sentir que se encendiera. No podía sentirla en mis manos. Entonces, di un paso atrás y emití Marconics desde el otro lado de la habitación. Decidí que tampoco volvería a hacer eso. Ahí mismo aprendí que no mezclamos Marconics con nada más, y aunque no estaba ejecutando el protocolo, no me sentía cómoda activando esa energía con las otras energías.

En una clase de Nivel I en agosto, Ariel le dijo a nuestro equipo que la línea de tiempo había cambiado. Ella no dijo si era algo bueno o malo, por supuesto que sería nuestro criterio, sino simplemente dijo que la línea de tiempo realmente había cambiado. Pensé que estaba relacionado con un evento específico, y ahora me doy cuenta de que nada existe en el vacío.

Durante las seis semanas desde la clase en Vermont en agosto hasta la próxima clase a fines de septiembre en Arlington, Massachusetts, sentí como si hubieran pasado mil años. Tanto cambió tan dramáticamente. Podía sentir que la línea de tiempo se aceleraba de nuevo.

Fue ese fin de semana de septiembre cuando me di cuenta de que tenía que tomar una decisión. Se había incrementado la tensión, y logre ver lo que estaba haciendo como si tuviera una lente muy crítica e implacable. Si continuaba como estaba, me iba a quemar y todos mis esfuerzos morirían en la vid. *Ningún* aspecto de mi vida estaba completo. Necesitaba enfocarme, comprometerme. Mi familia y mi hogar estaban desorganizados porque siempre tenía un pie fuera de la puerta en camino a la oficina. Mi marido y mis hijos me necesitaban. Marconics me estaba esperando. Para colmo, estaba cansada, totalmente agotada. Tuve que decidir qué tren iba a tomar porque no podía seguir en dos mundos.

Es difícil explicar la urgencia que sentí al salir de la práctica en la que había pasado los últimos cuatro años construyendo. Era una línea de tiempo, y sabía que el tren en el que necesitaba estar se estaba yendo. Mis pensamientos volvieron a la canalización donde me confirmaron que mi elección de participar en Marconics fue lo que cambio mi línea de tiempo. Si no me subía al tren 5-D, no iba a llegar. Tuve que comprometerme completamente, y lo tuve que hacer de inmediato. No podía permitir más distracciones basadas en el ego. Ariel había estado tratando de llevar a este caballo al agua, y Gracia estaba lista para dejar caer un ladrillo en mi cabeza. Me estaban esperando.

No fue una elección fácil debido a la emoción y los apegos del ego. Tenía miedo de lastimar y perder mi amistad con Marie, y tenía miedo de decepcionar a mis clientes y estudiantes. Aquí estaba otra vez, saliendo a la gran incógnita con nada más que mi fe para apoyarme. La única parte fácil fue que, en mi esencia, sabía que era la elección correcta para mí.

¿Cuál sería el propósito de continuar enseñando u ofreciendo sesiones privadas con energía que me hacía sentir discordante y fuera de integridad? No podía hacerlo, ni por un minuto más. Incluso mi forma de leer había cambiado. En lugar de conectarme con el 'espíritu', me dirigí a Ariel para conectarme con el ser superior y el alma superior del cliente. Le pedía que obtuviera la información para dársela al cliente. Qué diferencia tan increíble. Francamente, cuando le pregunté a Ariel cómo podía leer sin arriesgar mi ser, si ella no me hubiera mostrado cómo, también habría renunciado a mis sesiones de lectura.

Así que, el próximo fin de semana, me mude de la oficina. Fue surrealista y agridulce. Ofrecimos una sesión en mi última noche en la oficina, y el 80 por ciento de los asistentes eran practicantes de Marconics. Esta fue una confirmación para mí. Si me mantengo totalmente integrada con esta energía, seguiré ayudando y alcanzando y despertando a los guerreros de la luz. Aquellos que no están listos para escucharme todavía no lo harán.

Al igual que escuché al llamado de clarín de Gracia, los estudiantes que estén listos escucharán a Alison y a mí, a Gracia y Ariel juntas, y se despertarán.

Capítulo 21

Sala 9

Ariel comenzó a hablarme sobre las "revelaciones", que no deben confundirse con el libro (Biblia). Hay revelaciones relacionadas con nuestra realidad y con nuestras capacidades como seres de la luz en pleno funcionamiento.

Ella me había estado dando información sobre la telepatía, pero yo era un poco lenta en la comprensión. Me di cuenta de que había estado practicando durante meses cómo viajar telepáticamente y llevar conmigo a otras personas. Había pasado tiempo observando otras dimensiones. Mis clientes disfrutaban de los beneficios de la meditación guiada donde Ariel los llevaba una vez por mes. Pude conectarme con Ariel, o más bien ella me controlaba a larga distancia, y juntas podíamos unir nuestra frecuencia con la frecuencia del grupo y salir de la habitación o del lugar, donde sea que estuviéramos.

Me había acostumbrado a viajar en los barcos (o "templos de sanación de la luz" durante la meditación) y llevar a otros conmigo. También comencé a viajar a otros lugares. Estaba aprendiendo cómo viajar a través de portales.

Una noche hice un viaje personal a uno de los mundos de las Serafinas. Pude conectarme telepáticamente, y esto es lo que presencié:

Me vi de pie en el centro de un círculo, con doce círculos más a mi alrededor. Vi cómo se iluminaban los círculos, como una escritura incandescente sobre una superficie brillante, lisa y negra que se extendía en forma geométrica. Sentí que mis pies se trababan en la plataforma de luz, y desde el círculo central vi una columna de luz que se extendía hacia el espacio. Me permití soltarme, levantarme, y sentí como si tuviera cohetes en mis plantas de mis pies. Mientras viajaba a través de este rayo, a mi alrededor podía ver las estrellas, la galaxia y el cosmos.

Entonces vi a estos hermosos ángeles, estos hermosos seres de la luz. Ellos residen en un plano de muy baja densidad. Cuando me acerqué al planeta, pude ver que estaba hecho de materiales y densidades variables. El color del lugar era rojizo. (Así como la Tierra es un planeta azul, esto era rojizo, rosado y púrpura). Observando a los ángeles, era como si nadaran a través de una atmósfera de diferentes corrientes de aire y luz líquida. Eran tonos de luz roja, dorada y púrpura, y bailaban como llamas de fuego. Eran tan suaves, hermosos ... y fuertes y vibrantes. Parecían criaturas de fuego compuestas de energía, y podían transformarse y cambiar de forma a voluntad. Sus capacidades para crear patrones geométricos eran sublimes. Me mostraron patrones magníficos e intrincados de diamantes. Ariel dice que aquí es donde van para ser libres. Tienen forma y son sin forma. Están en unidad, pero aún son individuales. Se mezclan, se fusionan y existen en un tiempo de presencia total, completamente en el presente.

Los observé por un largo tiempo, y luego regresé a este plano.

Yo no sabía que Ariel estaba preparando a mi ser encarnado para entender el asombroso poder de nuestros pensamientos. Nos habíamos movido más allá de la ley de la atracción. Ella me estaba enseñando a usar la telepatía como una herramienta de Ascensión. Ella me estaba enseñando a usar la telepatía en los reinos superiores.

"Como seres humanos, tu capacidad para dirigir la creación consciente del mundo que te rodea es mayor de lo que puedes imaginar o conceptualizar. Concéntrate y permítete explorar el poder de tu mente. Cualquier cosa que puedas imaginar, que puedas crear, lo crearas. El dominio de esto proviene de poder mantener esas imágenes y permitirse ir. Esta es la única forma de liberarse de los límites de la realidad tridimensional. Esta es la única forma de atravesar las dimensiones. Cuando asciendas,

llevarás consigo el asombroso poder de tus pensamientos. Al abrir y utilizar estos canales se crea una puerta de entrada para que puedas experimentar todas las realidades, en todas las dimensiones". -Ariel

Ariel llama a esta forma de viajar "la velocidad del pensamiento". Cuando viajamos a través de las dimensiones, tenemos la capacidad de doblar el espacio y el tiempo, de usar agujeros de gusano y portales de agujeros negros desde el núcleo galáctico hasta el núcleo galáctico. Esto nos permite viajar desde un punto donde el tiempo no existe hasta otro punto donde el tiempo no existe. Esto abre infinitas posibilidades para nuestra realidad.

Unos días antes de que estuviéramos en Vermont, recibí un mensaje de advertencia de Ariel. Alison había estado preguntando sobre Comando Ashtar y si todavía estábamos en comunicación con ellos. No tenía idea de quién o de qué estaba hablando, pero pregunté de todos modos.

"No. No estamos (actualmente comunicándonos con ellos). Las líneas de comunicación se vieron comprometidas. Es un canal demasiado difícil de mantener ... acceso claro, pasos claros, flujo claro de información sin interferencias de aquellos a quienes consideraría avariciosos y llanos entrometidos.

"Puede haber una oportunidad para volver a conectarse con Comando Ashtar. Actualmente, la línea de tiempo aún no se ha determinado.

"Estén atentos, estén atentos. Habrá interferencia proveniente de fuentes tanto humanas como no humanas. Será cada vez más importante para ustedes entender en quién pueden confiar.

"Los portales se están abriendo. Más ayuda vendrá. Búscanos en el cielo. Siéntanos con tus corazones. Sepan que los amamos". - Ariel

La advertencia de Ariel me preocupaba. Compartí esta información con Alison, y la guardé en el fondo de mi mente y me enfoqué en la próxima reunión del equipo. Yo estaba emocionada. Siempre estoy emocionada cuando nos preparamos para un evento. La energía aumenta unos días antes, y la anticipación y el entusiasmo aumentan a medida que viajamos y llegamos a los lugares.

Casi siempre hay signos de presencia galáctica que nos siguen y están muy presentes en nuestros eventos. A menudo vemos las naves de nubes lenticulares o "estrellas" oscilantes.

A finales de 2014, experimentamos una serie de eventos que nos desafiaron a dar un paso más, en relación a nuestro compromiso, fe e integridad. Estábamos a punto de enfrentar algo que requeriría usar todas nuestras armas espirituales.

Durante el verano, Ariel anunció, *"... y la línea de tiempo ha cambiado"*.

En el pasado, cuando se nos había dicho eso, generalmente seguía una afirmación de que habíamos cruzado hacia la próxima ola de Ascensión, e incluso a un nivel más alto. En este caso, fue un cambio real en la línea de tiempo.

La forma más sencilla de explicar las líneas de tiempo es pensar en potenciales colapsables como un libro de "elige tu propia aventura". Cuando tenía trece años, tuve la opción de pasar mi verano en la playa o en las montañas. Elegí ir a la playa. Luego tuve la opción de trabajar en el puesto de comida o cuidar niños. Elegí el puesto de comida donde rápidamente tiré una bandeja de hamburguesas crudas en el suelo. Esto también me dio a elegir dos opciones. ¿Recogerlas o tirarlas? Las recogí. El muchacho que había estado observando todo el verano finalmente me pide hablar en privado. Allí me informa que hay arena en su hamburguesa. No logre tener una cita con él. Si hubiera elegido un potencial diferente, podría haber evitado que los caballos se quemaran en un incendio en las montañas y hubiera salido con el consejero de aquel campamento.

Lo que fue realmente bueno de esos eventos es que me enseñó a mirar las líneas de tiempo y sus efectos dominós. Cada elección que hacemos tiene un potencial para nuestro futuro. Leí la portada de cada libro, siguiendo cada potencial para poder experimentar cada resultado.

Para nosotros, un cambio en la línea de tiempo podría significar muchas cosas. Podría ser desde nuestro juicio y perspectiva, algo positivo o negativo.

Durante una conferencia, un individuo nos preguntó a Alison y a mi si era posible integrar su ser superior sin el proceso de coronación. Esta persona creía que había integrado aspectos de su yo superior por sí misma. Estos aspectos incluían Comando Ashtar y Arcángel Miguel.

Hay dos cosas que realmente me encantan de tener esta relación con Ariel. La primera es que ella ama la emoción y la fisicalidad de estar en este vehículo humano. Ella me sacude físicamente cuando necesita que yo sepa algo. Puedo sentir sus respuestas y sé sin lugar a dudas que es ella y su opinión sobre el asunto que nos ocupa. El segundo es su honestidad. Ella no responderá una pregunta a menos que esté redactada con absoluta especificidad. Ella dice la verdad, y al saber que la verdad es subjetiva, no contesta una respuesta si la forma en que se hizo la pregunta presta una respuesta que podría estar abierta a la interpretación.

Cuando Alison y yo discutimos el asunto en privado esa noche, la energía comenzó a aumentar significativamente para mí. Podía sentir a Ariel alterándose en mi cuerpo. Su emoción me hizo sentir hiperemocional. Al principio, pensé que Ariel tenía un sentido del drama demasiado desarrollado, pero ahora me doy cuenta de que, en los tempranos días de integración con Ariel, así es como la sentí. Debido a la intensidad de su vibración como alma suprema/ avatar, sentía lo que ella estaba sintiendo, pero lo sentía diez veces más fuerte. Cuando algo causó que ella tuviera el equivalente de una respuesta suprarrenal, entré en plena lucha o huida. Cuando ella estaba triste, lloraba. Cuando ella estuviera molesta, yo estaría enojada. Cuando ella necesitaba energía para asimilar, estuve durmiendo durante veinticuatro horas.

Ariel nos confirmó lo que Alison había sospechado: el Arcángel Miguel y Ashtar *no* eran aspectos del yo superior de este individuo.

La afirmación de Ashtar me había estado molestando, especialmente porque antes había recibido información sobre el Comando Ashtar de parte de Ariel. Ashtar fue creado y poblado con un alma superior; por lo que entiendo, él no es el ser superior de nadie en la Tierra. Él es el modelo de trabajo de lo que esperamos lograr: la Divinidad encarnada en un reino superior, la raza híbrida de esencia mezclada.

Los ángeles y los arcángeles son una historia diferente. Usamos el término angelical como uno genérico; ángel proviene de la palabra griega *angelos* que significa *mensajero de Dios*. Eso es lo que son estos seres galácticos con los que estamos trabajando en la Federación Galáctica de la Luz: mensajeros de las energías creadoras, mensajeros del Creador. Serafina se describe a sí mismo como ángeles galácticos. Ariel ha explicado que los que llamamos 'arcángeles' también son Serafina. Elohim también ha sido descrito como ángeles, pero no son lo que consideraríamos como ángeles. Aunque Ariel a veces se refiere a Elohim y Serafina como angelicales, es un apodo que aceptan porque no tenemos una manera de clasificarlos con exactitud. Hemos aprendido que los Elohim son una expresión directa de la Fuente, y Serafina son una expresión directa de la Fuente, y como tales pueden enviar aspectos de sí mismos para las experiencias. La mayoría de las integraciones serán la fusión de varios niveles y aspectos de los seres superiores. Para que el avatar o el alma suprema se fusione con el ser encarnado, se debe considerar apropiado y se requiere que el trabajo se realice en esta densidad y desde esta dimensión.

Por lo que entendemos, hay una especie que es verdaderamente "ángel". No son de esta dimensión ni de este universo. Nunca se han encarnado en vehículos físicos. Los ángeles (de los reinos laterales como lo llamamos) son seres completos como son; Una vibración individual dentro de un colectivo. Se nos ha dicho que pueden poblar un vehículo humano como un barco, pero no envían "aspectos inferiores del yo" de la forma en que lo haría un alma superior (o un yo superior). Esto es riesgoso para el ángel, ya que es vulnerable en la densidad de la dimensión de la red. También es potencialmente perjudicial para el vaso humano, ya que la vibración angélica es tan fuerte que puede quemar el cuerpo humano.

Para que ocurra una unión angelical, hay un contrato especial hecho entre el ser superior del encarnado y el ser angelical; Esto solo se hace cuando es apropiado. Somos conscientes de que esto está sucediendo para las personas que son capaces de contener la vibración más alta de los ángeles de reinos laterales, permitiendo que esas botas pisen la tierra. La presencia de los angélicos está permitiendo la entrada de otras energías vibratorias y emanaciones más elevadas. Este será el caso en el que el ser encarnado no puede elevar su vibración individual lo suficientemente alta como para entrar en alineación con el yo superior o el alma superior para una operación o integración remota. El contrato permite a los angélicos ingresar como intermediario temporal para guiar al encarnado a actuar de acuerdo con la voluntad divina sin dañar al encarnado.

Alison me hizo conectar con Ariel para obtener datos. Podía sentir mi adrenalina subir, y las emociones se estaban volviendo abrumadoras para mí. Ariel estaba en alerta máxima.

Alison preguntó: "¿Podemos confirmar que este individuo *no* tiene un yo superior llamado Arcángel Miguel?"

Mi respiración se estaba volviendo dificultosa, y las lágrimas corrían mientras me ahogaba: "No, no es Miguel".

"¿Puedes confirmar que este individuo *no* tiene un yo superior llamado Ashtar?"

Sabía que estaba acurrucada en la silla en la que estaba sentada, mi cara estaba enterrada en mis manos. Estaba vagamente consciente de que estaba meciéndome y comencé a sollozar, "¡No! No es Ashtar", respondió Ariel.

Alison me preguntó: "¿Qué puedes ver?"

"Hay ojos que me miran a través de una rendija".

"Descríbamelos a mí".

De repente, Ariel se alzó en mi cuerpo físico, que se puso rígido cuando me levanté a la defensiva, de pie con los brazos levantados por encima de mi cabeza. Le grité a Alison a través de un estrangulamiento restringido, "¡No sé qué está pasando!"

Al igual que en New Hampshire, Ariel me mostró un par de ojos enormes, negros, sin emociones, en forma de almendra, que alcanzaron todo mi campo de visión interior.

Las olas emocionales de Ariel se estrellaban contra mí. Era como estar en un submarino. Mi visión interior era oscura con las luces rojas encendidas y las sirenas a todo volumen. Estaba hiperventilando y sollozando fuera de control. Grité "¡Es un gris, es un gris!"

Alison me agarró, abrazándome mientras me atragantaba y jadeaba por aire.

Los zetas grises provienen de un sistema que se está muriendo y sus campos cuánticos se están debilitando. Los renegados que no se han alistado en el programa de rehabilitación para que sus razas sean esclarecidas están buscando una fuente de energía cuántica para sostenerlos.

De alguna manera esta persona, ya sea por contrato acordado o por infiltración, había sido contactada por ellos.

En ese momento, Ariel me mostró que tendríamos que tomar medidas. Pude ver las camas de curación de Atlantis en mi mente. Era como si estuviera recordando. Estaban hechas de cristal pulido. El individuo yacía allí, y como un equipo, la rodeamos. Con nuestras manos, persuadimos a este humo negro y lo capturamos dentro de los cristales para transmutarlos.

Finalmente abrí los ojos, miré a Alison y susurré: "Sé lo que tenemos que hacer".

Alison me señaló que Ariel reaccionó con tanta fuerza porque este es un enemigo de ella. Nos dimos cuenta de que Ariel me había dado una vista previa mostrándome cuándo fue atacada por los Zeta. Esto fue muy personal para ella.

En los momentos de este descubrimiento, la línea de tiempo cambió de nuevo. Ahora que sabíamos, nuestro libre albedrío estaba comprometido. Estos seres tienen una mentalidad de colmena. Se comunican telepáticamente, lo que vean y experimenten, pueden enviar a su grupo colectivo telepáticamente y acabamos de hacer contacto con ellos.

La presión en la habitación había cambiado. Llamamos toda forma de protección. Nuestras familias galácticas vinieron a rodearnos y apoyarnos. Podíamos sentir a los arcángeles mientras ocupaban sus puestos, y el rayo de Serafina era palpable.

Habíamos sido encerrados y salvaguardados mientras nuestros padres galácticos discutían cómo y qué nos presentarían a continuación. La cama se convirtió en un oasis interdimensional y nos metimos en el centro.

Cuando nos acostamos y apagamos las luces, estábamos rodeadas de luz azul y patrones. Era como mirar la luz que viajaba a través del agua por la noche. La energía en la habitación siguió cambiando y haciéndose más gruesa y más presente. Sentí que pensábamos que nos estaban sacando de la habitación. No habría podido decir con certeza si esa habitación estaba en la luna, en otra dimensión o aún en Vermont. Los objetos fijos en la habitación se mantuvieron cambiando de posición y entraron y salieron. Las paredes comenzaron a ondularse. Era una combinación de un latido del corazón y la respiración; ya no eran sólidos. Atamos el rayo de la manera en que se había hecho en la meditación. Ariel me mostró cómo sintonizar la frecuencia de lo que estaba viendo Alison. Fue un desarrollo maravilloso y parte del poder del pensamiento, otra forma de sintonizar telepáticamente. Era como cambiar de canal en la televisión. Estaba teniendo mi propia experiencia, pero podía sintonizar la frecuencia y la vibración de lo que estaba viendo y observarlo.

Alison siguió viendo hermosas figuras que parecían estar hechas de oro. Todo lo que estaba viendo era oro, la ciudad, los seres, las pirámides, y esa era la noche en que nos presentaban los Anahazi. Estaban cayendo literalmente sobre nosotros, legiones de magníficos seres de oro líquido que estaban intercediendo en nuestro nombre, ayudándonos y protegiéndonos.

Alison pudo ver a través de la conciencia de Gracia como Gracia puede atravesar capas de un entresuelo de estilo rotonda de varios pisos. Ella vio a todos estos seres de oro en especie de estaciones de trabajo.

Al mismo tiempo, vi que la energía de la luz azul continuaba, y luego los patrones cambiaron. De repente hubo un cambio más profundo en la energía. Vi un ojo mirándome. Alison me invitó a hablar con él, y le pedimos que respondiera con un parpadeo para sí, dos parpadeos para no.

Comencé a hacer preguntas.

En lugar de mostrarme un parpadeo, se me mostró un ojo o dos ojos como si este ser me estuviera mirando a través de una rendija rectangular en el continuo espacio-tiempo.

"¿Eres parte de la Federación Galáctica de la Luz?"

"Sí."

"¿Nos estás protegiendo?"

"Sí."

"¿Viéndonos?"

"Sí."

Alison me pidió que le describiera los ojos. Eran simplemente hermosos, el tono más magnífico de azul, a diferencia de cualquier tono de azul en la Tierra. Ella me dijo que preguntara si era Ashtar. Un ojo parpadeó. "Sí."

Nos hicieron comprender que, bajo este nivel de intervención y protección, la conexión telepática con el Comando Ashtar fue sancionada. Esta fue una oportunidad para forjar una frecuencia de comunicación secreta entre nosotros y el Comando Ashtar.

Entonces la mirilla que reveló el ojo de Ashtar se ensanchó y pude ver aún más. La cara que fue revelada de manera muy hermosa. En su cabeza llevaba un delgado casco. Parecía un tocado ceremonial hecho de cuero oscuro, parecía que había pintura verde y roja en su frente, y el tocado llegó a un punto justo encima del tercer ojo en un triángulo invertido de oro estampado.

Luego, los ojos de Ashtar cambiaron, y me recordaron las viejas caricaturas de la Liga de la Justicia de los ochenta, en las que Aquaman usaba su telepatía submarina y enviaba ondas de comunicación en espiral desde su mente a la mente de las criaturas marinas. Sabía que se estaba comunicando conmigo de manera telepática, y continúa haciéndolo. Me di cuenta de que así era la figura masculina que había visto con la figura femenina (Ariel) la noche en que me dijeron que Ariel era mi alma superior.

Como Ariel, aparecí en un barco, y Ashtar se adelantó y la abrazó. En mi cuerpo físico, podía sentir el abrazo y hundirme en él. Podía sentir el material de su uniforme y su aliento en mi cuello. Fue así de real.

Alison observó que lo que Ariel estaba experimentando en el barco, estaba experimentando acostada a su lado en la cama. Tenía dolor en el pecho y en los costados y sentía las enormes descargas de adrenalina. El abrazo en la nave se tradujo en sentir que la energía de Ashtar descendía sobre mi ser físico, y me sentí calmada y consolada. El dolor se calmó al instante. Yo estaba siendo sanada.

Ahora nos enfrentamos a la tarea de cómo manejar esta situación. No solo era peligroso para el individuo, sino que además era potencialmente perjudicial para nosotros y para el trabajo que estamos haciendo. Para empezar, llamamos a nuestra oposición P.A. (*Pretendiente Ashtar.*)

Alison y Gracia fueron a trabajar a través de la Federación Galáctica. Era como una brecha de seguridad internacional en la que un espía u oficial de alto rango había sido capturado y estábamos en negociaciones. Alison, a través de Gracia, seguía pidiendo un resultado benévolo. Esperábamos P.A. entraría en razón y entendería que el ser intruso tendría tres opciones: (1) irse por su cuenta e ir a la luz; (2) irse por su cuenta y volver a su propio espacio / tiempo; o (3) ser destruido.

Capítulo 22
Pensamiento, Telepatía y Alquimia

"En las dimensiones superiores, el tiempo no se agota. Es una serie de momentos que existen, todos pueden ser accedidos; les hemos dicho que así es como atravesamos las dimensiones de un lugar donde el tiempo no existe a otro lugar donde el tiempo no existe, a través de las pasarelas hiperdimensionales.
"Solo es de esperar que a medida que la matriz de su realidad continúe rompiéndose, notarán estos errores. Será parte de su capacitación y dominio aprender cómo dominar y controlar su experiencia".
- Arcángel Ariel a través de Lisa Wilson

Gracia nos explicó que no hay odio ni juicio de estos seres Zeta y que, para que podamos proceder, debemos alinearnos con eso. No insultarías a un niño pequeño por no estar iluminado y no saber qué es lo mejor; No odias al tiburón por comportarse como un tiburón. Ella explicó que hay seres que son responsables por la rehabilitación de muchas razas Zeta y que la mayoría de ellos iban a la luz. Había pequeños grupos que son resistentes a esta iluminación. Venían de un sistema que, a través de sus propias acciones y elecciones, estaba muriendo. Son un sistema en "caída". Ven a su anfitrión como un guía. Pueden o no haber sabido que sus acciones eran la causa de la caída de su sistema.

Comenzamos a tomar los pasos para prepararnos y salir del equipo para la intervención que se iba a requerir para eliminar a P.A.

En el mejor de los casos, esta mujer nos creería, aceptaría nuestra ayuda, P.A. se iría, y seguiríamos adelante. En el peor de los casos, ella no nos creería, y P.A. tendría acceso a su luz hasta que esta ya no quedara.

La alimentación es un poco vampírica. Aproximadamente cinco días antes de que nos diéramos cuenta del peligro, Alison preguntó sobre la estrella de la muerte Merkaba. Ariel estaba lista para explicar:

"Tu merkaba es un vehículo de viaje interdimensional. Has visto a las merkabas en vuelo. Has visto almas que usan activamente sus merkabas bajando a través de los rayos de Serafina. Las has visto iluminadas como orbes capturados en tu película, y has visto la chispa del merkaba dentro de ellos. Esta es realmente la forma en que están destinados a funcionar. Giran tan rápido que solo parecen ser un orbe para ti. Los ves con una estructura geométrica anterior y es así como logras identificarlas.

"Tú querías saber sobre la estrella de la muerte Merkaba ya que anteriormente estabas hablando con Gracia y Alison.

"La estrella de la muerte Merkaba es una herramienta peligrosa; esto también lo sabes. Mientras recuerdas y despiertas y recuerdas el conocimiento antiguo de tus vidas pasadas, como estaban encarnados en esta Tierra antes, también lo hacen otros. No todo el conocimiento presente era de la luz, esto también lo sabes. Una vez antes en la vida (Tierra / Tara- la Tierra en la quinta dimensión), Alison y tú trabajaron juntas para evacuar el conocimiento y salvaguardar los secretos. Hay quienes también trabajaron para salvaguardar sus secretos oscuros. Ese conocimiento se despierta al igual que tu conocimiento de la luz se está despertando.

"A medida que avanzas en las olas de la Ascensión y trabajas para reconectarte con esa fuente de conocimiento, hay quienes intentan detenerte. Si las merkabas no giran de la manera correcta, crean un vacío de energía similar a lo que llamarías un toro, excepto que en este caso crea una cantidad limitada de energía cuántica. Esencialmente, esa alma se está alimentando de sí misma y eventualmente apagará su propia luz. Este es equivalente a una estrella; eventualmente se extinguirá porque se alimenta de sí misma.

"Estas entidades avaricias están buscando nuevas fuentes de energía para alimentarse, ya que una vez que se ha creado el giro negativo dentro del merkaba, es difícil, casi imposible, detenerlo. Por eso se llama la estrella de la muerte.

"Es por eso que les hemos dicho a muchos de ustedes que no intenten activar aquello que no saben cómo operar. Nadie puede hacer esto por ustedes. Podemos poner las estructuras en su lugar para permitir que el ser superior pueda descender en el cuerpo físico. Una vez que se han integrado, el ser superior entra con el conocimiento de cómo girar el merkaba y viajar. Por eso es tan importante, como ambos lo llaman, 'poner las botas en el suelo'.

"Es como tener un pase a la biblioteca, tener acceso a todos los libros en toda la creación, pero sin el ser superior, sin las redes de seguridad para el alma suprema (por venir), nunca sabrás cómo leer los libros.

"La interferencia aumentará ... A medida que te acercas, las fuerzas que te quieren ver fallar están toman su posición final. Están subiendo en su apuesta inicial, por decirlo de alguna manera. No puedes hacer que las personas que no están completamente en integridad y de pie en la luz avancen.

"Así es como las dos juntas protegerán la energía de Marconics y protegerán la Luz Infinita" - Ariel

Un merkaba con giro positivo crea un estado cuántico infinito que está representado por un toro abierto. El toro está conectado a través del núcleo galáctico en la Fuente. Cuando estamos en nuestro estado fuente y nuestro potencial energético es ilimitado, ascendimos infinitamente. Cuando el merkaba gira en una dirección negativa, cuando se crea un toro cerrado, tenemos una cantidad limitada de energía cuántica, ya que estamos vinculados al ciclo de la reencarnación y al suministro limitado de energía cuántica de la Tierra. Contribuimos al sistema de "caída", lo que significa que nos mantenemos en la rueda kármica de densidad, dualidad y decadencia. Es una energía que está llena de miedo y fácil de devorar.

Gracia nos ha advertido muchas veces acerca de aquellos Trabajadores de la Luz que no saben que no están trabajando dentro de la luz, que no saben que están trabajando con seres que no son de la Luz. En este caso, el individuo que, estaba comprometido, ignoraba que los seres con los que se había conectado habían captado uno de sus patrones de miedo basados en el ego y la estaban explotado. Desde la perspectiva de P.A., esto era genial. P.A. tenía un individuo poderoso del cual podía aprender, extraer la fuerza vital cuántica, y tenía un asiento de primera fila en el campo de su oposición al forjar una conexión telepática con nosotros.

La situación fue permitida porque en un nivel subconsciente esta persona lo permitía. Ella se conectó con el poder P.A. proveía dentro de ella a través de su ego. Nos explicaron que P.A. se alimentaba de su deseo de pertenecer, pero debido a que provenía del miedo y no del amor, comenzó a crear sentimientos en ella que ella describió como agresivos e inseguros.

Sin embargo, lo interesante es que fue una seducción. No sucedió de la noche a la mañana. No creemos que esta fue una decisión que ella tomó en ningún nivel deliberado y consciente. Fue un posible resultado o línea de tiempo para ella, basado en la dirección de sus circunstancias y elecciones que la condujeron a ese momento exacto. ¿Ir a la montaña o a la playa? ¿Tirar las hamburguesas o cocinarlas con la arena?

Lo que sucedió después fue un testamento de fe verdadera. Tuve que conectarme con dos de los miembros del equipo y pedir su ayuda sin revelarles ninguno de los detalles. Las dos sabían individualmente que había algo mal, pero no sabían en qué medida. Les expliqué a ambas mujeres que necesitaba su fe y su confianza en mí y en Alison. Tenían que confiar en que nuestra solicitud de ayuda venía de un lugar de amor, y creo que podían sentir la vibración de eso en mi voz. Les prometí que, una vez que estuviéramos juntas, les daría los detalles de lo sucedido; Alison los compartiría. Y basado en esta información, estas mujeres dejaron de hacer lo que estaban haciendo y ayudaron.

Fue en ese momento que me di cuenta de lo mucho que estas mujeres estaban comprometidas con nuestra misión, con la Ascensión.

Luego tuvimos que decirle a nuestra cliente afectada lo que creemos que le estaba pasando. El amor que Alison demostró en la forma en que ella habló con esta mujer me cautivó. Fue un mensaje difícil de entregar; de ninguna manera fue fácil para Alison contarle lo que habíamos aprendido. En realidad, ella se sentía muy mal.

Nadie quiere ver a otra persona enojarse. Nadie quiere ser la causa de la angustia de alguien más, incluso si es solo la entrega de la noticia. Ella lo tomó sorprendentemente bien, aunque estaba sorprendida y claramente molesta.

Comenzamos a diseccionar la situación con "el cómo". Después de nuestras discusiones y la sesión de asesoramiento espiritual con ella, Alison le explicó que realmente ella no tenía una base muy estrecha en la historia esotérica. Piensa en esto como un obelisco versus una pirámide. Con una base ancha y lados iguales, una pirámide es inquebrantable; es completamente estable. Un obelisco, por otro lado, mientras tiene una base equilibrada, es alto y estrecho. Si los terrenos se sacuden o los vientos soplan, el obelisco podría fracturarse o ser derribado.

Alison le explicó a esta mujer que, si bien podía llegar lejos y alto, su base era un impedimento porque no tenía una base ancha para sostenerse. Por su propia admisión, ella no era alguien que cuestionara e investigara. Y sin conocimiento y experiencia fundamentales, el discernimiento y la fe pueden ser más difíciles.

Quería saber qué podíamos hacer para ayudarla.

Ella estaba comprometida energéticamente. Por eso, le explicamos que pensamos que no debería canalizar ni hacer nada que involucrara acceso a sus sentidos supernaturales. El brillo de su luz, cuando ella está conectada a los reinos superiores, llama la atención a otros seres. Queríamos matarlos de hambre; nuestra teoría era que si ella no accedía a ninguna clase de canalización; estos seres no obtendrían nada de ella, y con el tiempo se irían o dejarían de verificar si hay debilidad en las cercas.

Nuestro equipo llegó y tuvimos que informales la situación. Habíamos creado un pequeño enigma. Alison estaba preocupada, ya que no le estábamos dando la opción de que querían hacer. No les estábamos dando la oportunidad de decidir por adelantado si querían participar. ¿Se sentirían presionados, nuestro equipo realmente querría ayudar? Sabía que no tendrían otra opción más que participar, y eso es lo que sospechaba que estas dos mujeres sentían.

Nos juntamos esa noche y sacamos las grandes armas. Alison explicó que lo primero que haríamos sería crear un espacio sagrado y luego mantener el espacio unido para que entrara la energía. Nuestro plan era dar P.A. la oportunidad de irse voluntariamente. Luego estaba el plan B, y esperábamos no tener que usarlo.

Lo primero que hicimos fue liberar nuestro juicio. La persona que fue afectada no era culpable. Los seres Zeta que estaban involucrados no eran malos. Es una cuestión de perspectiva. Nos estábamos preparando para llevar a cabo una clase de exorcismo extraterrestre- para esto uno debe dejar el juicio plantado en la puerta.

Creamos juntos un espacio sagrado. Encendimos las velas blancas, quemamos un poco de madera de San Paulo, esparcimos aceites esenciales y pusimos una pintura que representaba al Elohim La Gracia, la cual yo había pintado muchos años antes durante una meditación. Nos preparamos para conocer la mentalidad de la colmena. Teníamos que imaginar solo las palabras que escuchábamos de Alison o la imagen de Gracia, de ahí la importancia del cuadro. Una vez que llamáramos a la energía y comenzáramos, nuestros pensamientos serían expuestos, y estos seres podrían unirse a nuestros miedos y usarlos en nuestra contra. Imaginé que así debían sentirse los Caza fantasmas cuando tenían que elegir la imagen del destructor al final de la película. Despejar tu mente requiere entrenamiento y práctica. No queríamos llamar a un gigante hecho de malvaviscos.

Invoqué la protección de los arcángeles y activé la luz de Serafina. Alison llamó al ser de vibración más alta dentro de la Federación Galáctica de la Luz. "Todos los demás se separan de nosotros", declaró. "Todo lo demás se separan de nosotros", repetimos.

Lo primero que hizo Alison fue probar el cuerpo con un péndulo "Solo puedo usarlo para la eliminación de la entidad".

Sus preguntas comenzaron. ¿Hay más de una entidad? Sí. ¿Más de dos? Sí. ¿Más de tres? ... Resultó que había seis.

Alison comenzó a guiarnos a través de un proceso. Yo estaba en la cabeza, y Alison estaba al lado derecho del estudiante, cerca de su abdomen. Las otras mujeres estaban frente a nosotras. Transmitimos la energía de Marconics. Alison le hizo crear al estudiante una imagen mental de dos portales de salida para los seres, uno en su corazón y el otro en su tercer ojo. Una puerta de salida los llevaría de regreso a su hogar y espacio. La otra puerta de salida los devolvería a la luz.

Alison comenzó a hablar a los seres, explicándoles que no podían quedarse. Ella les dio sus opciones. Ella era clara y firme, hablando en un tono suave. La mujer en la mesa dijo que estos seres se estaban riendo; Ella podía oír las cosas terribles que decían. No temían la imagen del Elohim que estábamos usando, y esencialmente nos decían: "No nos iremos a ningún lado, nos quedamos".

Alison los volvió a guiar, y el proceso tomó vida propia. Gracia habló con más firmeza, y nosotros también comenzamos a hablarles, y luego sonó un cuenco de cristal, todo mientras emitíamos la luz de Marconics. Parecía durar minutos y horas a la vez.

La mujer dijo que podía sentirlos en su cuerpo. Me pasó algo extraño. Logré sintonizar con su cuerpo físico, y luego pude sentir la ubicación de estos seres en mi cuerpo. Estando de pie, levanté los brazos. Ariel estaba estirando su poder dentro de mi cuerpo. Sentí como si me estuvieran estrechando de adentro hacia afuera.

El estudiante dijo que podía sentir un ser escapar a través del corazón.

San Germán, un embajador de Gracia, dio un paso adelante a través de Alison para ayudar en la eliminación de un segundo ser que parecía estar más dispuesto a irse.

Nuevamente les ofrecimos a los otros seres la posibilidad de irse por su cuenta. Ellos rechazaron. Me conecté con Ariel, y paso a paso ella comenzó a mostrarme qué hacer. Tomamos unos cristales de cuarzo, chorro, y amatista, y cada uno tenía un trozo de ónix. Al igual que en las salas de curación de Atlantis, utilizamos estas piezas de cuarzo para eliminar quirúrgicamente otra entidad.

El resto dijeron que preferirían morir antes que irse.

Más tarde, Alison describió que comenzó a experimentar la sensación de que estaba bajo una forma de ataque psíquico, ya que ellos se habían comunicado con ella telepáticamente. Podía sentir la llanura, un sentimiento de desesperanza, desesperación y depresión. Era un lugar muy oscuro.

Desde su punto de vista, no había más que hacer. Era un enfrentamiento que iba a terminar mal para estos seres. Desde la perspectiva de Gracia de que no hay odio ni juicio, esto era una pérdida sin sentido.

Alison lo comprobó con el péndulo. Todavía quedaban tres entidades. Los tres primeros nos habían llevado más de una hora. Llamé a mi niñera; ella iba a recibir horas extras.

Nos reagrupamos. Era tiempo de aplicar el plan B. Gracia estaba dejando que Ariel los atacara.

Ariel me empujo a cambiar mi propia mente y cuerpo cuando ella dio un paso adelante y controló a este avatar. Ariel invocó el poder de Serafina. Ariel nos había estado hablando de los paladines antes del evento de esta semana. Después de algunas investigaciones, descubrimos que los paladines son como armas angélicas de alquiler, y también están bajo el mando de Ariel; ella los llamó también, y una legión de 20,000 nos rodearon para protegernos.

Mis brazos se levantaron cuando Ariel se hizo más grande en mi cuerpo. En un momento, me di cuenta de que Ariel estaba al mando (en la parte superior de mis pulmones). Sé que Ariel estaba exigiendo a los seres que se fueran y estaba al mando de las tropas angélicas, pero no podía recordar detalles. Luego vi a los ángeles como un serrucho de abejas rodeando al menos uno de estos seres y separándolos de adentro hacia afuera. Su poder y fuerza me sorprendieron. Ariel me sorprendió; Me di cuenta de que la había subestimado enormemente. La había visto tan hermosa y terrible en New Hampshire. Ariel dijo que los Serafinas y angelicales eran guerreros. Yo no tenía ni idea.

Decidimos reagruparnos y tomamos un descanso. Comiendo humus y papas fritas, chocolates y té, debatimos sobre qué hacer a continuación. Nuestra pobre estudiante estaba atravesando un momento difícil. Fue duro para nosotros y más aún para ella. Ella siguió dándonos las gracias, y nosotros seguimos rodeándola y apoyándola con genuino afecto y amor.

Todavía quedaban dos seres. Habíamos usado todo en nuestro arsenal tridimensional. Entonces Alison se dio cuenta de que habíamos estado tratando de resolver un problema multidimensional utilizando herramientas de la tercera dimensión. ¿De qué servía nuestras experiencias en Marconics si no utilizáramos nuestras habilidades multidimensionales? Gracia nos dijo regularmente que no hiciéramos popurrí de Marconics ¿Acaso Ariel no acaba de entregarnos un mensaje de dejar de lado las herramientas tridimensionales?

Como en confirmación de esta realización, Alison recibió una idea maravillosa. Si pudiéramos llevar al grupo a meditar juntos a la nave, ¿podríamos hacer esta remoción telepáticamente?

Decidimos intentar abordar la nave para pedir la intercesión de la presencia de Aethien y Mantis, que entendíamos eran razas de seres responsables de la Recalibración de Zeta.

Nos volvimos a reunir y guie al grupo a una meditación. Ahora entendía por qué Ariel me había estado enseñando cómo hacer esto en meditación. No era solo llevar a los meditadores a un viaje increíble; Esta había sido una serie de ejercicios de entrenamiento para mí. Juntos subimos a la nave. Cuando llegamos allí, las puertas se abrieron y nos condujeron a una habitación grande. Me recordó a un vestíbulo. Alison observó que nos llevaron a un tipo de casa segura. Comparado con los otros barcos en los que Alison y yo habíamos estado, este barco tenía una sensación completamente diferente.

Me recordó mucho a lo que vemos en las películas, el barco parecía una representación de un submarino o un buque de guerra. Era metálico, industrial y estéril. Todo para mí parecía grisáceo, y la iluminación proyectaba sombras angulosas y afiladas.

Nos reunimos con los delegados de Aethien y Mantis allí mismo. Todos los seres estaban armados y vestidos con el equivalente de uniforme o armadura, y estaban tratando este incidente con toda seriedad.

Me di cuenta de que la presencia militar no nos llevó más lejos, adentro de la nave, y esto era porque estábamos en contacto con P.A. Después de todo, habíamos pedido intervención y clemencia para un enemigo que estábamos trayendo directamente a la nave, un enemigo que podía transmitir telepáticamente todo lo que estaba viendo y experimentando hasta su colmena.

Gracia fue enclaustrada para su protección, como el Servicio Secreto lleva al presidente a algún lugar seguro. Alison me comentó que había percibido el barco de la misma manera que lo había visto, aunque desde la perspectiva de Gracia, estaba volando por encima de la habitación, sin ser observada. Gracia fue conducida a un cónclave interno de ancianos, un consejo y representantes de la raza que ofrecían asistencia en el arbitraje.

Gracia le mostró a Alison la eliminación instantánea de los dos seres restantes, obligados a salir del cuerpo del cliente a través de los portales que habíamos creado anteriormente. Un ser estaba en el hombro, el otro en el torso. Ambos fueron aspirados como humo negro en la columna vertebral, forjados hacia arriba a través del corazón, y luego expulsados del cuerpo a través del tercer ojo.

Ya se había hecho, pero tendríamos que experimentarlo a través de una progresión en el tiempo lineal.

Fuimos conscientes de estar fuertemente custodiados y protegidos. Alison llamó a los Aethien y Mantis, y los hermanos iluminados de la raza Zeta, los cual llamamos P.A. La presencia de Aethien y Mantis me recordó a los guerreros tribales de la Edad Oscura, con pieles de animales en la cabeza. Esta era una cara humanoide con una cabeza de mantis gigante como una clase de casco. Fue entonces que entendí cuando Alison dijo que estábamos llamando a los Aethien y Mantis, y que el énfasis estaba en Mantis.

Mientras Alison hablaba con los seres iluminados de Zeta, logre percibir pequeños niños brillantes con grandes ojos en forma de almendra. Aparte de la luz resplandeciente, había algo diferente en sus ojos. Hubo una diferencia sutil que me permitió ver la emoción y la compasión en el interior, cualidades que faltaban en sus hermanos no iluminados.

Los infiltrados restantes fueron escoltados. Luego nos llevaron de vuelta a la escotilla. Volvimos del barco y nos encontramos de nuevo en la habitación. Abrimos los ojos y nos miramos. Al menos si fue una alucinación, todos teníamos la misma.

Capítulo 23

Maestría

Gracia le había mostrado a Alison que todos los canales ahora estaban completamente limpios y seguros. Para confirmar esto, Alison revisó el cuerpo de la cliente nuevamente con un péndulo. Respondió que sí, que la cliente estaba libre de estos seres. Alison preguntó si alguna otra persona se había infiltrado en el equipo durante el retiro. ¿Estábamos todos a salvo?

Sí, lo estábamos.

Habíamos trabajado en las entidades por más de tres horas esa noche. Enérgicamente, estamos agotadas.

En el camino a casa, vimos una nave en el cielo que oscilaba y mostraba colores rojo y azul. Creo que esto fue una prueba de que habíamos hecho algo bueno. La cliente recibió instrucciones: no acceder a nada, ni canalizar, ni trabajar con energía, nada de nada. Debía cerrar y tomarse un tiempo para descansar y recuperarse. Aburrirlos, matarlos de hambre.

Ahora que nos habíamos conectado telepáticamente, nos dimos cuenta de éramos como luces parpadeantes en el tablero de la oposición.

Entendimos que el camino tenía muchos niveles o capas. Había contratos de alma en el juego y libre albedrío. Los seres a los que se les permitió entrar fueron permitidos debido a la elección del individuo, su propia voluntad. Esta fue también una lección para nosotros como equipo.

189

Si tuviéramos alguna duda sobre la realidad y la seriedad de las distintas agendas de la Ascensión, esto los puso en claro.

Nos han enseñado cómo trabajar con Marconics, cómo permitirnos estar presentes y ser un puente entre las dimensiones. Nuestras vibraciones han aumentado y continúan aumentando a medida que avanzamos en las olas de la Ascensión, a medida que trabajamos cada vez más con Marconics y eliminamos densidad. Esto nos permite alcanzar y recibir la energía de los reinos superiores. Bajan su frecuencia para que podamos recibirla y canalizarla hacia el estudiante que espera sobre la mesa de masaje. No hay ego en esto; Simplemente estamos siendo el puente.

En el pasado, cuando nosotros, como sanadores, hemos llamado a la energía a descender, pedíamos ser conectados con los seres de la vibración más alta dentro del ancho de banda de energía con el que nos estábamos conectando. Cuando llamamos a Reiki, pedimos conectarnos con los maestros ascendentes más altos en Reiki. Con integridad y enfoque, necesitábamos permanecer allí y mantener esa vibración. El problema es que rara vez lo hacemos.

Para aquellos de nosotros con experiencia en curación práctica, como Reiki o sanación angelical, estamos acostumbrados a navegar en el campo del cuerpo y la energía, pedir mensajes, pasar la energía en lugares problemáticos de los cuales el cliente nos ha hablado. Detectamos un desequilibrio. Estamos acostumbrados a mandar la energía y moverla a través del cuerpo. Esperamos recibir mensajes para entregárselos al cliente. Lo admitamos o no, hay ego en esto. Se siente bien dar un mensaje y hacer que los clientes te digan que tienes razón, que fue el mensaje que necesitaban escuchar o que podían sentir las liberaciones de su cuerpo y campo de energía.

Cerramos los ojos, escuchamos la música y nos dejamos llevar por el ego. En este estado abierto, estamos expuestos a la manipulación. Empezamos a trabajar de forma intuitiva. La oposición conoce la debilidad del ego en nosotros como sanadores; Esa debilidad es el miedo. Comencé a trabajar con la energía en mis veinte años, cuando todavía había mucha densidad y exclusividad en el campo. Los trabajadores de la luz a los que estuve expuesta relucían sus certificados como credenciales de mérito. A menudo recibía la mirada de condescendencia. "Oh, ¿*solo* eres un practicante de Reiki nivel II? Soy un cinturón negro de quinto grado, usui-kuruna-shamballa-cristal-oráculo-psíquico-medio ... multiplicado por dos". Estas actitudes alimentan el temor basado en el ego que muchos Trabajadores de la Luz tienen; el de no ser lo suficientemente valiosos y buscar fuera de nosotros mismos y de nuestros seres superiores una validación y una afirmación.

El hecho es que la abrumadora mayoría de Trabajadores de la Luz en el planeta en este momento han sido sanadores en otras vidas en la Tierra (tercera dimensión), Tara (Tierra de la quinta dimensión) o Gaia (Tierra de la séptima dimensión). Llevamos un programa de memoria celular espiritual colectiva que, como curanderos, seremos perseguidos, seremos excluidos, seremos torturados o incluso asesinados por nuestras creencias porque esto nos ha sucedido en otras vidas. Necesitamos sentirnos validados por el número de certificados que colgamos en la pared y el trabajo que hacemos. Esto también proviene de las visiones o mensajes que recibimos para los clientes que de hecho son validados por esos clientes, o por las curaciones que se producen sobre la mesa. Todo esto se convierte en una forma de medida de nuestra capacidad y de nuestro valor.

Debido a todo esto, en ese estado intuitivo, nos hemos abierto energéticamente y físicamente. Esto le da a la oposición la oportunidad perfecta para dar un paso adelante y comenzar la seducción.

Durante años, había estado sintonizándome con la radio FM Angelical y preguntando a los ángeles si había algo que el cliente necesitaba saber. Les pediría que envíen el mensaje al cliente en ese momento o si el cliente no podría recibirlo y decodificarlo, que me lo dieran a mí para que lo transmita de una manera que sea significativo para el cliente. Estaba abierta a recibir sus instrucciones. A lo largo de los años de trabajo con vibraciones angélicas específicas para áreas específicas del cuerpo o problemas emocionales, mentales o espirituales, pude sentir la firma energética de los ángeles y podría reconocerlos. Como la mayoría de los curanderos, cerraba mis ojos, y me perdía en la música y la energía y mis pensamientos. Si no hubiera sido específica en esos momentos, si no hubiera desarrollado una relación con esas vibraciones y no hubiera pedido protección, podría haber sido seducida por la oposición.

Con Marconics, había dejado de trabajar intuitivamente, y esta fue una transición difícil al principio. Con Marconics, ejecutamos el protocolo. A los clientes no se les pregunta qué esperan cambiar, sanar, despejar o manifestar. Como sanadores, no nos importa porque no vamos a centrarnos en ello. Somos el/la sorbeto/popote/bombilla/pajilla; La energía es el líquido. La pajilla no necesita saber por qué la boca tiene sed; solo necesita canalizar el líquido del vaso a los labios. Depende de la persona beber y permitir la curación.

La responsabilidad de recibir mensajes depende del cliente. Lo único que se les dice es que déjense ser- para permitir la energía y ser conscientes de lo que pueden percibir física, emocional, mental o espiritualmente. Podrían tener una experiencia increíble, o podrían quedarse felizmente "dormidos" y no experimentar nada más que una larga siesta. No hay juico de lo que el cliente debe experimentar. Esto es parte de la maestría, es aceptar *lo que es.*

Salirse del protocolo, especialmente durante una Recalibración de Marconics, es excepcionalmente peligroso para el profesional debido al nivel de energía con el que estamos trabajando. Durante una Recalibración, estamos conectando a un individuo de nuevo a la fuente y activando sus merkabas cuánticas. Estamos tratando de ayudar a la Tierra a ascender anclando la frecuencia de Marconics, las dimensiones superiores, a la Tierra, y hay quienes se oponen a esta agenda.

Lo que la estudiante con entidades de P.A. había compartido era que ella estaba recibiendo mensajes y viendo seres y teniendo una gran cantidad de experiencias en su propio proceso de curación. Ella había estado permitiendo acercarse, estaba pidiendo que se le acercaran, y estaba interactuando activamente con ellos durante esas sesiones y confiaba en que lo que se había acercado a ella era de la luz.

Por eso es tan importante que cuando te conectas a través de cualquier modalidad de energía, a través de la oración, a través de la meditación, a cualquier energía o ser, estás atento y alerta. En Marconics, durante el protocolo, cuento hasta cuarenta en cada movimiento como si mis conteos fuera un metrónomo. Si mi mente comienza a alejarse de la cuenta, inmediatamente regreso a enfocarme y luego vuelvo a contar. Lo que también noté fue que cuando solía realizar otro trabajo de energía donde era aceptable sintonizarme a la energía, ya no lo encontraba apropiada, y antes de cambiar exclusivamente a Marconics, comencé a contar allí también.

Al principio era extraño decirles a los clientes que no había recibido mensajes para ellos y que todos los mensajes lo recibirían ellos directamente. Y realmente, no necesitaban que yo les diera mensajes de todos modos; tenían la capacidad de preguntarse a sí mismos y recibir respuestas por si solos. Era solo cuestión de escuchar.

Alison y yo volvimos a Vermont para completar algunas recalibraciones y para trabajar en la sala 9 una vez más. El manual de capacitación para el protocolo Marconics Luz Infinita Unión 'Soy Yo' Nivel III estaba completo en un 99 por ciento, y tenía que mostrárselo a Alison para poder experimentarlo en su totalidad.

Durante las recalibraciones, Alison y yo trabajamos juntas. Ella estaba en un lado de la sala y yo en el otro. La energía en la habitación era preciosa, reconfortante. Me encantó mirar y ver a Alison allí, y me sentí tan honrada de que esta era mi vida, que puedo contribuir y participar en este trabajo sagrado. Mientras contaba hasta cuarenta, escuché una voz susurrar en mi oído. Me elogió por estar en mi integridad y no tratar de conectarme con nada. Miré a mi alrededor y pude ver que los guardianes estaban más cerca de mí (normalmente los percibo como figuras color luz azul verdosa en la habitación). Respondí telepáticamente: "Bueno, si esto no suena como si viniera de un lugar del ego, no sé qué".

La voz respondió que estaba llegando a mí debido a mi poder y mi elevado estatus. Hmmm ... hubo una gran caída en la vibración para mí. Podía sentir esto en mi plexo solar. Ariel no estaba impresionada; ni yo tampoco.

"Entonces deberías saber que no puedo hablar contigo mientras estoy trabajando. Si fueras de la Federación Galáctica de la Luz, sabrías esto. ¡Vete! Te separo de mí; solo los seres de mayor vibración dentro de la Federación Galáctica de la Luz son bienvenidos aquí."

Y luego se había ido.

Me di cuenta en ese momento de lo engañoso que estaba tratando de ser la oposición. Me di cuenta de que estaban tratando de desencadenar mi ego e inseguridades. Lo que es un tanto irónico y humorístico es que no soy compatible con ningún "estado elevado". Creo que es una gran broma cósmica el hecho de que soy un ser gigante integrado con el comandante general de Serafina del reino angélico.

Es por esto que la integridad y el discernimiento son tan importantes. Sabemos que hay una dualidad en los reinos superiores, que se traduce en una cuestión de vibración. La calidad de una mentira que un niño de cinco años puede decir en comparación con la calidad de una mentira que un hombre de cincuenta y cinco años puede decir es diferente.

También me di cuenta de que esto era una prueba. Sé que era una cuestión de libre albedrío, y mientras los guardianes estaban presentes y me protegían, no podían detenerme si mi libre albedrío era comprometerme con los seres de la oposición que se me acercaban. ¿Por qué no lo destrozaron antes de que entraran en el espacio sagrado que habíamos establecido? Fue en algún nivel subconsciente y por mi propia voluntad que solicité que me hicieran la prueba.

Una de las cosas que Alison había compartido desde el principio fue que la Federación Galáctica de la Luz ha dicho que no pueden protegernos de nuestra propia estupidez; Necesitamos estar despiertos y prestar atención. Esperan que cometamos errores; nosotros somos humanos. Pero le dijeron que una vez que sepamos mejor, esperan más de nosotros.

Capítulo 24

Hipnosis Angelical

"No vas a hacerme mover mis alas como un pollo, ¿verdad?"

Alison y yo habíamos estado hablando de canalizar y recibir información. Ella compartió conmigo que, al principio de su trabajo con los Pleyadianos, los mensajes que recibió llegaron a través de un canal durante las sesiones de hipnoterapia. Pensamos que podría ser interesante intentarlo, ya que los filtros de la mente crítica se reducen y la información puede ser muy pura.

Nunca antes había estado bajo hipnosis, y como Alison y yo ahora éramos amigas, ella pensaba que tal vez esto no funcionaria.

Sin expectativas, decidimos darle una oportunidad.

22 de septiembre del 2014,
Dirección de Alison:

Después de bajar por una escalera con una barandilla, descendiendo paso a paso de veinte a diecinueve, de diecinueve a dieciocho ... doce, once ... tres, dos, uno.

Al pie de la escalera, mirando a mi alrededor en el pasillo.

ALISON: ¿Puedes ver el pasillo? Si puedes, dame un asentimiento.

LISA: *No es un pasillo.*

ALISON: ¿Qué ves?

LISA: *Es un agujero de gusano, en espiral hacia la izquierda.*

ALISON: ¿Te estás cayendo?

LISA: *No, estoy en un extremo.*

ALISON: ¿Estás en el extremo? ¿Has bajado la escalera y puedes ver dentro del agujero de gusano?

LISA: *Sí.*

ALISON: ¿Se siente seguro entrar en el agujero de gusano?

LISA: *Sí, va a casa.*

ALISON: ¿Te vas a casa?

LISA: *Sí.*

ALISON: Entonces quiero que te pongas en el agujero de gusano, todavía no, pero cuando yo te lo diga. Contaré hacia atrás de cinco a cero, y cuando llegue a cero, habrás llegado a tu destino. ¿Me entiendes?

LISA: *Sí.*

ALISON: Muy bien, prepárate para entrar en el agujero de gusano. Cinco, cuatro, tres, dos, uno, cero. Estás en tu destino. ¿Que ves? ¿Que ves?

LISA: *Luz blanca, mucha luz blanca. Hay colinas cubiertas de hierba. Hay un árbol. Es un árbol de forma extraña.*

ALISON: Describe el árbol.

LISA: *Es angular ... hay relojes ...*

ALISON: ¿Relojes?

LISA: *Sí, relojes. Como relojes (cara de ellos) ... ¿Sobre él? ¿En él? Está solo en la colina. Puedo ver las raíces bajando de la colina. No tiene hojas. Es negro.*

ALISON: ¿Qué sientes al mirar este árbol?

LISA: Es un lugar entre los lugares. Un mundo entre los mundos.

ALISON: ¿El árbol contiene algo vivo?

LISA: (verificando) *No ... No.*

ALISON: ¿Qué requiere que hagas aquí para que puedas avanzar?

LISA: *Hay una puerta en el árbol.*

ALISON: ¿Puedes caminar hacia la puerta?

LISA: *Sí.*

ALISON: Quiero que camines hacia adelante y extiendas tu mano hacia el asa si hay una. ¿Hay un mango?

LISA: *Se acaba de abrir para adentro.*

ALISON: Está abierta hacia adentro. ¿Estás listo para entrar en el árbol?

LISA: *Sí.*

ALISON: ¿Te acuerdas de nuestra regla?

LISA: *Sí.*

ALISON: Cuenta al revés de tres a cero. Tres, dos, uno, cero, estás en el árbol. Mira a tu alrededor y dime lo que ves.

LISA: *Espejos, espejos ...*

ALISON: ¿Son los espejos portales?

LISA: *Sí. Hay antorchas colgando en las paredes. Hace mucho frío.*

ALISON: ¿Cuál es el propósito de este lugar?

LISA: *Para ir a los mundos.*

ALISON: ¿Cada uno de estos espejos representa uno de los mundos?

LISA: *Aquí es donde vamos a vagar por los mundos. Regresamos a este lugar.*

ALISON: Este árbol ha sido representado antes en el simbolismo espiritual. ¿Sabes por qué espejo deberías atravesar para llegar a tu planeta?

LISA: *Sí.*

ALISON: ¿Estás listo para cruzarlo?

LISA: *Sí.*

ALISON: Cuando pases, contaré al revés de cinco a cero. Cuando lleguemos a cero, habrás llegado a tu destino. Prepárese para pasar. Cinco, cuatro, tres, dos, uno y cero. ¿Qué ves, dónde estás ahora?

LISA: *Una mitad es azul, y la otra mitad es roja. He estado aquí antes.*

ALISON: ¿Y de quién es este planeta?

LISA: *El mío.*

ALISON: ¿Y quién eres?

LISA: *¡Ariel!*

ALISON: ¿Cuánto tiempo ha pasado desde que has estado aquí, Ariel?

LISA: *Dos mil años.*

ALISON: ¿No has estado en casa por dos mil años?

LISA: *No.*

ALISON: ¿Tienes seres queridos en casa?

LISA: *Sí.*

ALISON: ¿A quién dejas en casa?

LISA: *Mi familia.*

ALISON: Háblame de tu familia.

LISA: *Son todos ellos* (es decir, todos las Serafinas).

ALISON: ¿Todos ellos?

LISA: *Son todos ellos. Todos ellos son míos.*

ALISON: ¿Por qué tuviste que irte?

LISA: *Me llamaron para venir aquí.*

ALISON: ¿Y dónde es aquí?

LISA: *Planeta Tierra*

ALISON: ¿Hace dos mil años?

LISA: (Suspiro profundo.)

ALISON: ¿Tienes que hacer lo que estás llamado a hacer?

LISA: *Es mi trabajo, mi honor* (un honor)

ALISON: ¿Quién te llama?

LISA: (se ríe) *¡Tú lo haces!*

ALISON: ¿Y quién soy yo?

LISA: *Elohim La Gracia. Eres un creador.*

ALISON: ¿Y te llamo para hacer este trabajo?

LISA: *Sí.*

ALISON: ¿Vengo del mismo planeta del que vienes tú?

LISA: *Has estado en mi planeta, pero no eres de allí.*

ALISON: Cuando no estás en tu planeta, ¿dónde estás?

LISA: *En todas partes.*

ALISON: ¿Te han parecido dos mil años como a un humano?

LISA: *No.*

ALISON: ¿No experimentas el tiempo de la misma manera?

LISA: *No.*

ALISON: ¿Cómo te ves, Ariel? ¿Puedes describirte para mí?

LISA: *Soy alta, alta por estándares humanos. Y cuando tengo forma, me vería como un humano, pero no.*

ALISON: Y si viera tu forma desde un estándar humano, ¿pensaríamos que es, en nuestro juicio (humano), eres feo o bonita?

LISA: *hermosa*

ALISON: hermosa. ¿Tienes pelo?

LISA: *Sí.*

ALISON: ¿De qué color es tu pelo?

LISA: *Oscuro. Corto.*

ALISON: ¿Estás clasificado como un ángel, Ariel, o tienes otro título para tu especie?

LISA: *Serafina sería el nombre más cercano para lo que somos.*

ALISON: ¿Eres del mismo universo del que proviene la Tierra?

LISA: *No.*

ALISON: ¿Existe una gran distancia entre tu universo y el nuestro?

LISA: *Es un movimiento a través del árbol.*

ALISON: ¿A qué compararíamos el árbol con? ¿Qué es lo más parecido a lo que puedes compararlo?

LISA: *Cambiando los canales en un televisor.*

ALISON: ¿Es etérico o físico en alguna forma?

LISA: *No entiendo.*

ALISON: ¿Tienes alas?

LISA: (ríe) *¡No! No* (risas) - *que tonto.*

ALISON: ¿Cuál es tu relación con Gracia?

LISA: *Somos como hermanas.*

ALISON: ¿Cuánto tiempo llevan juntas?

LISA: *Desde siempre.*

ALISON: ¿Son personalidades muy diferentes?

LISA: (risas) *Sí* (ríe de nuevo).

ALISON: ¿Cómo describirías a Gracia?

LISA: (risas, suspiro) *Firma. Pero cariñosa, muy cariñosa. Pero severa.*

ALISON: ¿No puede ella ser suave y flexible en absoluto? (riendo por ambos)

LISA: *Oh ella puede ser tan amorosa y tan dulce y tan gentil.*

ALISON: ¿Pero ella puede también ser ...?

LISA: *Ooooh ...*

ALISON: Pero tú también eres bastante severa, ¿verdad?

LISA: *Oh sí.*

ALISON: ¿Quién es tu llama gemela que consideraríamos como tu pareja romántica? ¿Quién es tu amor?

LISA: *Uriel.*

ALISON: ¿Uriel? ¿Y dónde está él?

LISA: *No lo sé.*

ALISON: ¿Cuándo lo viste por última vez?

LISA: *En este cuerpo, me visitó por un momento y luego se fue.*

ALISON: ¿Qué cuerpo?

LISA: *Este cuerpo.*

ALISON: ¿De quién es el cuerpo?

LISA: *El cuerpo de Lisa.*

ALISON: ¿Te visitó en el cuerpo de Lisa?

LISA: *Mientras estaba en el cuerpo de Lisa.*

ALISON: Sí. ¿Fue eso recientemente?

LISA: *Hace meses, hace muchos meses.*

ALISON: Hace meses ... ¿Y cómo te visitó?

LISA: *Vino como una vibración que Lisa no reconoció, así que ella preguntó quién estaba allí y él respondió.*

ALISON: ¿Cuál fue su respuesta?

LISA: *"Nosotros somos la vibración llamada Uriel".*

ALISON: Ah. ¿Y vino a verte?

LISA: *No.*

ALISON: ¿Qué quiere decir con "nosotros"?

LISA: *Nosotros* (la vibración del individuo dentro del colectivo).

ALISON: ¿Tu gente?

LISA: *Sí.*

ALISON: ¿Entonces no tienes un nombre como individuo?

LISA: *No es así. Cuando estamos sin forma, podemos ser uno o podemos ser muchos. Y cuando estamos en los lugares donde tenemos forma, podemos ser individuales.*

ALISON: ¿Cuál prefieres?

LISA: *Me gusta ser el individuo. Es más divertido.*

ALISON: ¿Es posible, Ariel, viajar contigo y visitar Comando Ashtar? ¿Es posible ir a la nave de Ashtar?

LISA: *Si no están ocultos, podemos intentarlo.*

ALISON: ¿Qué pasa si están encubiertos?

LISA: *Puede ser más difícil encontrarlos. Salen de frecuencia. Es para la protección.*

ALISON: ¿No tienes medios para comunicarte con Ashtar a través de la telepatía?

LISA: *Sí.*

ALISON: ¿Cuál es tu relación con Ashtar?

LISA: *Yo también lo amo.*

ALISON: ¿Cuánto tiempo hace que lo conoces?

LISA: *Desde que fue creado.*

ALISON: ¿Hace cuánto tiempo fue eso? ¿En años humanos?

LISA: *No muchos.*

ALISON: ¿Quién lo creó?

LISA: *No lo sé.*

ALISON: ¿Qué fue hacia la esencia de él? ¿De quién es el ADN?

LISA: *Angélica, humana, y algo más.*

ALISON: ¿Cuál es su propósito?

LISA: *Él es el ejemplo de cómo te verás cuando vayas a las dimensiones superiores que conservan la forma humana. Su tipo fue el primer experimento de cuerpo humanoide en el reino del Espíritu.*

ALISON: ¿Quién diseñó el cuerpo humanoide?

LISA: *(Risas) ¡Lo hiciste! Tú lo hiciste, y yo te ayudé. Hay otro nombre. Amas a Raffe, pero hay otro nombre.*

ALISON: ¿Es Raffe mi llama gemela?

LISA: *Es complicado.*

ALISON: ¿Hay alguna descendencia de estas relaciones?

LISA: *No a la manera humana. Tú das a luz a los mundos.*

ALISON: ¿Alguna vez tienes tiempo libre en tu trabajo?

LISA: *¿Descanso?*

ALISON: ¿Y qué haces en tu descanso?

LISA: *A veces tomo formas y voy a los mundos entre los mundos.*

ALISON: ¿Qué sucede en el mundo aparte del árbol?

LISA: *Hay luz solar y campos de hierba ... y solo jugamos ... y podemos ser. Está cerca de ser humano sin los enredos y el desorden del mundo humano. Sería como si fueras a un parque un domingo por la tarde y te sentaras sobre una manta.*

ALISON: ¿Podrías describir tu existencia como feliz?

LISA: *Sí, hay una gran felicidad, pero hay deber y responsabilidad y obligaciones y cosas que deben hacerse.*

ALISON: ¿Hay dolor?

LISA: *Sí.*

ALISON: ¿Físico?

LISA: *Si estoy en la forma física, puede haber dolor físico.*

ALISON: ¿En qué dimensión existes?

LISA: *Mi casa favorita es en siete.*

ALISON: ¿Qué hay en siete?

LISA: *Geometría, luz, música ... oh hermosa música ...*

ALISON: ¿Y viajas por todas las dimensiones?

LISA: *Sí.*

ALISON: ¿Y cuál es tu menos favorito?

LISA: *La menos favorita. A veces, la Tierra. La dualidad puede ser difícil cuando estamos en densidad. La dualidad es difícil en* todas partes, pero extremadamente en la Tierra.

ALISON: ¿Alguna vez te lesionas?

LISA: *Me han herido en la batalla, sí.*

ALISON: ¿Te curas rápido?

LISA: *Sí.*

ALISON: ¿Podrían matarte?

LISA: *Si estuviera en forma física, y el ser fuera lo suficientemente fuerte, existe la posibilidad de que pueda ser eliminado, sí.*

ALISON: ¿Qué pasaría? ¿Habría un alma? ¿O serías destruido permanentemente?

LISA: *Volvería a la Fuente.*

ALISON: ¿Dejarías de ser la vibración de Ariel?

LISA: *Eso es así con los ángeles.*

ALISON: ¿Puedes describir cómo es Gracia?

LISA: *Hermosa y terrible* (risitas).

ALISON: ¿Qué color de pelo tiene ella?

LISA: *Oscuro también.*

ALISON: ¿De qué color es su piel?

LISA: *Luz, está hecha de luz.*

ALISON: ¿Ella pasa tiempo en un barco?

LISA: *Sí.*

ALISON: ¿Qué nave?

LISA: *Su nave.*

ALISON: ¿Alison ha visto su nave?

LISA: *Sí.*

ALISON: ¿Ha (Alison) estado en su barco?

LISA: *Sí, también hay una nave de plasma que has pasado un tiempo. Y una gran nave nodriza, así lo llamarías. Con vivienda, jardines.*

ALISON: ¿Hay un laberinto de piedra en esa nave?

LISA: *Sí. Con formas triangulares.*

ALISON: ¿Para qué es?

LISA: *No sé la palabra, pero es como una brújula. No sé la palabra para decirlo aquí. Es una herramienta que no tienes aquí.* (Más tarde supimos que esta es la fuente energética de la que hacía referencia la nave de la Segunda Torre, que crearían los miles de naves a las que se hizo referencia en las primeras canalizaciones pleyadianas).

ALISON: ¿Estamos haciendo lo que estamos obligados a hacer por directiva divina?

LISA: *Sí.*

ALISON: ¿Me mentirías?

LISA: *No.*

ALISON: ¿Podemos ver si podemos ir a la nave y ver a Ashtar? ¿Como hacemos eso? ¿Qué necesitas que hagamos? Voy a contar al revés de tres a cero. Cuando llegue a cero, estarás en tu destino. Tres, dos, uno y cero. ¿Dónde estás ahora?

LISA: *Estoy en una escotilla.*

ALISON: ¿Estás en el barco?

LISA: *Sí.*

ALISON: ¿Me lo puedes describir?

LISA: *Es lo que los humanos pensarían que se vería como una nave espacial.* (risas)

ALISON: ¿Es una nave industrial o tipo futurista?

LISA: *Futurista.*

ALISON: ¿Llevas uniforme?

LISA: (ríe) *Si* (es como) *un uniforme de lacra- realmente ajustado. Parece que les gusta la ropa ajustada.*

ALISON: ¿Eso es por qué ellos tienen cuerpos esculpidos?

LISA: (riendo) *Sí.* (risas)

ALISON: ¿Tienen todos treinta años?

LISA: *Entre veinticinco y cuarenta.*

ALISON: ¿Les gusta quedarse en esa edad?

LISA: *Sí, todos son hermosos y sonrientes, y el barco en sí es prístino, blanco, pero no clínico.*

ALISON: ¿Y esta es la nave de Ashtar?

LISA: *Sí. Hay muchas luces y puertas que se abren. Aunque no veo a Ashtar, pero veo a otros.*

ALISON: ¿Consumes comida?

LISA: *Depende de dónde estoy, de lo que soy.*

ALISON: En los barcos, ¿la gente come?

LISA: *¿Estás buscando la cantina?* (risas)

ALISON: ¡Sí!

LISA: *No estoy viendo comida. Me imagino que hay ...* (Ariel escudriñó el barco) no, no comen como nosotros.

ALISON: ¿De dónde sacan la felicidad?

LISA: *Tienen un gran amor.*

ALISON: ¿Qué especie está en el barco?

LISA: *Esencias, esencias mezcladas. Son la raza híbrida.*

ALISON: ¿Son la raza híbrida? ¿Así que son blenda de ADN humano con otras cosas?

LISA: *Sí, esta es la plantilla para tus nuevos cuerpos.*

ALISON: ¿Entonces tendremos cuerpos de excelente apariencia que se verán bien en uniforme de lacra?

LISA: (riendo) *Sí.*

ALISON: Voy a contar al revés de tres a cero, Ariel, y cuando llegue a cero, ¿podríamos haber localizado a Ashtar? Avanzando a un punto en el tiempo en el que has localizado a Ashtar. Tres, dos, uno y cero. ¿Dónde estás ahora?

LISA: *En la sala de comando.*

ALISON: ¿Está él ahí?

LISA: *Sí.*

ALISON: ¿Qué aspecto tiene?

LISA: Es hermoso, sus ojos son tan hermosos. Están pulsando círculos azules claros contra el azul oscuro.

ALISON: ¿Puede él verte?

LISA: *Sí.*

ALISON: ¿Cuál es su reacción?

LISA: *Está feliz de verme. No se parece a los dibujos de Ashtar en la* computadora.

ALISON: ¿No?

LISA: *NO. Lo hacen parecer demasiado femenino. Y no lo es. Tiene más de ... más mandíbula en ángulo, boca más fuerte y hombros anchos, altos. Su pelo es rubio oscuro.*

En la sala de comando, hay una consola. Es grande, mesa redonda, pero no es una mesa. Hay un holograma en el medio. Está hecho de la luz. Hay una pista dentro de ella.

ALISON: ¿Qué es eso?

LISA: *Giza.* (haciendo referencia a la Gran Pirámide)

ALISON: ¿Perdón? ¿Es Giza? ¿Qué pasa en Giza? ¿Es ahí donde aterrizas?

LISA: (La pirámide) *gira en espiral en sentido contrario a las agujas del reloj- se abre un portal en el vértice. Una luz sale de la parte superior y dispara a través de las dimensiones.*

ALISON: ¿Con qué propósito?

LISA: *Viajes. Escapar.*

ALISON: ¿Quién usa ese portal?

LISA: *Nosotros lo hacemos.*

ALISON: ¿Es una puerta importante?

LISA: *Sí, muy.*

ALISON: ¿Es una puerta que los humanos usarán?

LISA: *Posiblemente ... pero hay otras ...*

Epílogo

É rase una vez, una rana que vivía en un pozo de piedra. La rana estaba muy contenta nadando en su pozo, al mando de su pequeño universo, hasta que un día, bastante inesperado, otra rana cayó en el pozo desde arriba.

"¿Quién eres tú?" ¿Y de dónde vienes? "Preguntó la rana del pozo.

"Yo también soy una rana, pero soy del océano", dijo la otra rana.

"Oh", dijo la rana del pozo, que nunca había oído hablar del océano.

"Háblame de tu océano entonces. ¿Es la mitad de grande que mi pozo?"

"Oh, es más grande", dijo la rana del océano.

"¿Es tan grande como mi pozo?"

"¡Oh, es más grande!"

"¿Quieres decir que tu océano es más grande que mi pozo?" Preguntó la rana del pozo, con incredulidad.

"Oh, sí, es mucho más grande", respondió la rana del océano.

"¡Bueno, entonces, debo ver ese océano tuyo!" Y con eso, las dos ranas saltaron del pozo y saltaron por el césped hacia el océano. Al ver el tamaño y la maravilla del océano, ¡la pequeña cabeza de la rana explotó!

Con esta primera hipnosis, habíamos tocado la punta del témpano. Abrí los ojos y miré a Alison. Ambas estábamos sonriendo, felices y encantadas de que pudiéramos utilizar las increíbles habilidades de una hipnoterapeuta para esto. Todos los años de meditación me ayudaron a seguir su voz y entrar profundamente en el estado hipnótico.

Me sentí como cuando Alicia cae por el agujero del conejo cuando Alison me guio a través del agujero de gusano. Lo que había presenciado era tan real. Esto era más allá del alcance de mi imaginación. Otra línea de tiempo había cambiado, y ahora teníamos un vehículo perfecto para acceder a la información de forma segura y controlada. Sabíamos que, entre Gracia y Ariel, podíamos acceder a lo que la Federación Galáctica de la Luz consideraba apropiado- todavía quedaban secretos por proteger. Ambas sabíamos que este iba a ser el siguiente punto de inicio, y nuestras cabezas iban a explotar un poco.

Habíamos confirmado que Gracia y Ariel siempre han estado trabajando juntas en este universo y en otros. Nos dimos cuenta de que, al estar juntas finalmente en esta dimensión, a pesar de que nos habíamos comprometido totalmente entre nosotros y Marconics y habíamos negado nuestras agendas privadas para enfocarnos en la misión, ahora se nos estaba dando acceso a más información sobre la evolución galáctica humana. Había mucho más que sería revelado, y cada respuesta nos llevaba más lejos en el camino, solo para ser confrontada por más y más preguntas.

Ariel nos reveló que, como seres humanos, nuestra comprensión de nuestra propia historia está limitada por los velos que todavía están presentes en la tercera dimensión. Ahora que se están levantando, estamos listos para saber más. Nuestra historia humana comienza milenios de años antes de que los primeros humanos (modernos) caminaran por la Tierra.

Gracia y Ariel (con la Federación Galáctica de la Luz) habían intervenido en nombre de la humanidad para llevar a la Tierra a la quinta dimensión (Tara), pero era demasiado tarde.

> *"Gracia (Elohim) fue el creador del modelo humano ganador. Nosotros (Ariel) tuvimos la tarea de poblar estos vehículos con almas, con aspectos del yo.*
>
> *"Hubo un tiempo en el que todos seguíamos la directiva de proteger a los humanos de las fuerzas de oposición que los usarían para sus recursos: los recursos del planeta y los recursos de su energía cuántica cuando los fragmentos de alma encarnados estaban expuestos y eran vulnerables en forma humana. El cuerpo humano, nuestro vehículo, fue diseñado con una capacidad que*

no se puede imaginar. Los poderes que llamamos sobrenaturales o sobrehumanos eran naturaleza y humanos.

"Hubo algunos miembros del equipo de creación que advirtieron contra los cuerpos de luz humanos en pleno funcionamiento. En luz, eres hermoso y capaz de gran compasión y gran amor. En la densidad de la tercera dimensión, eres igualmente capaz de grandes horrores y atrocidades provenientes del miedo.

"Como seres humanos, fueron creados para experimentar el libre albedrío, en un mundo protegido donde tendrían la oportunidad de sentir la riqueza de emociones creadas por la experiencia humana, con la programación adecuada para actuar de acuerdo con la voluntad divina del cielo en la Tierra. Este fue el prototipo antes de llevar el vehículo a las dimensiones más altas ". - Ariel

Nuestra conciencia colectiva grabó nuestra caída humana de la gracia, nuestra caída del jardín. Las facciones angélicas se dividieron en grupos; El libre albedrío siempre ha sido uno de los grandes problemas de esta división.

Los humanos, provenientes de los Elohim y protegidos por Serafinas, se estaban desarrollando y llegando a la Tierra aproximadamente al mismo tiempo que el planeta Marte se hizo inhabitable. Algunos de los seres de Marte fueron entregados a la Tierra con la intención de que su conocimiento pudiera ser traducido y utilizado para el avance de la raza humana. Piensa en esto como si los científicos nazis fueran retirados de Alemania durante la guerra y traídos a América por su conocimiento y experiencia. En algún momento en el tiempo, los aliados pensaron que sería una buena idea jugar con átomos y partículas, y aunque hemos adquirido un increíble poder de esta creación -fusión nuclear-, también hemos creado una inmensa fuente de destrucción o armamento nuclear, la bomba atómica.

"Durante un tiempo, hubo lo que llamarías el cielo en la Tierra. La raza humana cuidaba de la Tierra y cuidaban unos a otros. Esto estaría alineado con tus historias de Edén o Atlantis. Por un tiempo, fueron muy inteligentes y muy obedientes. La humanidad vivió en gracia y bajo la guía de los creadores.

"Debido al acceso otorgado a través de la glándula pineal, ustedes sabían cómo curarse. Tenían un conocimiento innato de

los cristales y las hierbas. Podían curarse con el poder de la mente
y controlar su ADN. También tenían acceso a la tecnología y a la
comprensión matemática que fue el resultado de millones de años
de desarrollo por parte de las razas fundadoras.

"Esto realmente era lo que los humanos considerarían una
edad de oro.

"Muchas de las civilizaciones avanzadas en la Tierra fueron
una réplica holográfica de las razas y sociedades avanzadas del
cosmos. Atlantis, tal como existía en Tara, era un holograma
proyectado desde la séptima dimensión. Todavía existe, pero
no de manera lineal. La Atlantis tridimensional comenzó
aproximadamente mil años antes de lo que llamarías el Antiguo
Egipto. Desde nuestro punto de vista, solo un parpadeo en el
tiempo ". - Ariel

Los supervivientes de Marte trajeron consigo un gran y terrible
conocimiento. Ellos habían estado manipulando la energía oscura y
esencialmente quemaron la atmósfera de su planeta. La energía oscura es la
energía en todo el universo que está trabajando para separar las partículas.
El razonamiento de llevar este conocimiento a la Tierra era ayudar a los
seres de Atlantis evitar los mismos problemas y aprovechar el acceso de la
red de energía cuántica y el viaje interdimensional.

"Los beneficios de esta reubicación fueron dobles. Esperábamos
que los 'niños' más pequeños aprendieran de los mayores y no
repitieran los mismos errores y que los mayores pudieran mejorar
y despejar el karma ayudando a los más jóvenes". - Ariel

Piensa en la historia de Adán y Eva en el jardín. Estaban contentos hasta
que ansiaron por más conocimiento. El don del conocimiento, dado sin
desarrollar primero el dominio, destruyó sus habilidades para permanecer
en el jardín. También hay historias en la conciencia humana como el gran
diluvio y los ángeles expulsados del cielo que creemos que están arraigados
aquí en la caída de la Atlantis. Hay momentos en la historia en que un gran
ángel de la muerte, un destructor angelical, viaja a través de la densidad y
elimina la vida humana.

(Taran) Atlantis había estado prosperando. Sin embargo, se llevaron
a cabo experimentos que causaban preocupación entre los consejos y

la federación, siendo los más peligrosos los experimentos con materia oscura y energía oscura, que continuaron y se basaron en el conocimiento compartido de Marte.

Esto se comparte sin juzgar, porque en todo esto, la humanidad ha tenido libre albedrío. Con el tiempo, los atlantes comenzaron a ver cuán poderosos eran. Querían ver qué tan lejos podían llegar y qué límites podían alcanzar. Al final, tuvieron que ser destruidos.

> *"No podíamos permitir que el mal uso de la energía continuara. No solo los humanos estaban amenazando la vida en la Tierra, sino que, al destruir la Tierra con el uso de materia oscura y energía oscura, se crearía un efecto dominó a través de la galaxia, y luego en el universo, y luego en el multiverso. Como dice el dicho 'como es arriba, lo es abajo' y sabes que la reserva de este dicho también es verdadera. Al destruirse, nos destruyen. No podríamos permitir que el desenredo de la materia oscura en su mundo comience a destruir el tejido de esta dimensión.*
>
> *"Y llegó un momento en que se dio la orden de evacuar y destruir.*
>
> *"Asumimos formas en densidad y aparecimos en los pasillos de la Atlantis para guardar el conocimiento que se almacenaba allí. Mucha información fue evacuada en barcos, fue una misión de rescate para el conocimiento y algunas de las almas. Algunos usaron portales de agujeros de gusano y viajaron a un lugar diferente ubicados en la Tierra.*
>
> *"Grandes vibraciones viajaron por debajo de la superficie del continente de la isla, y comenzó a romperse y arrasarse por los terremotos y las mareas". - Ariel*

Este fue el hundimiento de la Atlantis. Entendemos que el hundimiento de la Atlantis es una metáfora de un hundimiento a través de la estructura dimensional. Atlantis también existía y existe en Tara y en Gaia. He visto muchos documentales donde los científicos buscan pistas sobre la ubicación de la Atlantis tridimensional. Algunos han dicho que está cerca de Santorini, posiblemente la civilización minoica perdida. Otros creen que está en el Caribe, cerca de Bimini. Ariel me ha demostrado que la Atlantis 3D era mucho más grande geográficamente de lo que hemos estimado. No es una ciudad o una isla. En la tercera dimensión, es un continente pequeño o una parte de tierra fracturada de un continente. De lo que pude adquirir, se encuentra al sur de Inglaterra, pero lo suficientemente cerca de Inglaterra y España, y podría haber sido parte de esas masas terrenales.

Ariel ha compartido conmigo un recuerdo de la evacuación de (Tara) Atlantis. Yo era Ariel, y estaba en una vasta habitación con Alison como Elohim La Gracia y otros. Estábamos evacuando los registros para protegerlos. La habitación tenía enormes ventanas de piso a techo que estaban hechas de losas de cuarzo muy pulidas y finamente cortadas. El cielo y el mar estaban turbulentos. Podías sentir la tensión, y la gente corría y se apresuraba por los pasillos. Había un claro sentido de urgencia y emergencia. Hubo un fuerte estruendo, y el edificio comenzó a vibrar. El suelo se combó y la habitación comenzó a desprenderse de la cara del acantilado. Mientras la habitación se deslizaba hacia el mar, observé a través de la ventana mientras el agua se acercaba rápidamente. La ventana comenzó a salpicar de la presión. Cuando entró el agua, mi último pensamiento fue que *espero que hayamos salvado lo suficiente* y luego todo se volvió negro.

Después de esto, hubo un gran terremoto. Nosotros, como humanos, teníamos las llaves del reino, pero no éramos responsables. Nos paramos sobre los hombros de unos gigantes y no entendimos el gran poder que teníamos. No había respeto por ello. Habíamos olvidado que nuestro papel era proteger y crear. Esta es la razón por la que tantos Trabajadores de la Luz tienen miedo de aprovechar su propio poder.

> *"Al igual que un niño que pondrías en el rincón por mal comportamiento, así fueron las medidas que nos obligaron a tomar para impedir que la humanidad se destruyera a sí misma; fue un reinicio. Te encuentras nuevamente cerca del precipicio. La grieta se está abriendo y logras ver a través de la matriz. Cuando te das cuenta y entiendes las trampas del tiempo lineal y la mente del ego, comienzas a ver las agendas en juego.*
>
> *"Mira a su alrededor, administrador de la Tierra. Puedes ver cómo las diferentes razas están trabajando para lograr sus agendas individuales. Se te ha preguntado cuál es tu posición en todo esto. Cuando veas las acciones que consideraría que son injustas pero aceptadas por el colectivo, debes decidir dónde quieres alinear tu energía. Entonces, las consecuencias para los humanos en ese*

momento fueron reiniciarse y experimentar por una evolución espiritual lineal.

"Ves el avance que ha ocurrido, la aceleración que percibes en tu tiempo lineal. Estamos trabajando con rapidez y diligencia para despertar la mayor cantidad posible de ustedes. El momento es ahora. Cada uno de ustedes debe tomar una decisión. Todos ustedes podrían venir, toda la humanidad podría ascender, pero no todos elegirán hacerlo. No todos se ayudarán a sí mismos. Gracia les ha dicho que no habrá un rescate, y esto es verdad. Podemos guiarlos, mostrarles, pero tus acciones determinaran el hecho.

"¿Qué vibración sostendrás? Ese ha sido siempre tu libre albedrío.

"Como raza, los humanos, deben pasar por un proceso lineal de desarrollo espiritual. Las expectativas enseñadas en densidad, como lo llaman, 'eliminar a los hombres de los niños'. Aquellos de ustedes que están aquí ahora tienen la capacidad de terminar con la rueda kármica, si lo desean. Están contratados para hacerlo, pero nuevamente será tu libre albedrio experimentar Tara (la Tierra de la quinta dimensión), o pasar a Gaia (Tierra de la séptima dimensión), o regresar a la Tierra tridimensional y hundirse con el barco.

"Ahora es el momento de concentrarnos. Has sido colocado aquí con un propósito y una misión. Enfócate". - Ariel

Libro Dos

Marconics: Ángeles de Atlantis

Gracia reconoció su papel como el Redentor de las Almas, y Ariel reconoció su papel como el Guardián de las Almas. Hay mucho dolor en nuestra conciencia colectiva con la destrucción y caída de Atlantis, con la pérdida de nuestra (entonces) trayectoria de Ascensión de pasar de Tara (quinta dimensión) a la Gaia (séptima dimensión). Juntas, Gracia y Ariel revelaron que, el objetivo es despertar a las almas de Atlantis que han estado dormidas durante milenios y llevarlas de regreso al camino de la Ascensión.

Nuestros orígenes de Atlantis y la caída de la humanidad se comparten en nuestro próximo libro, *Marconics: Ángeles of Atlantis*.

Por favor, disfruta de este extracto:

Después de la caída de la Atlantis, los supervisores en la Tierra de la tercera dimensión empezaron de nuevo. Nuestro camino estaba siendo llevado a Egipto, el antiguo Egipto pre-dinástico, cuando la tierra indómita se llamaba Khem.

"Podía escuchar el grito del halcón perforando el cielo. El sol estaba caliente e implacable. Habíamos estado caminando durante lo que parecían eones. Era lento, tortuoso. Cada paso se sentía como un esfuerzo, como si estuviéramos caminando a través de las melazas. Miembros de mi familia estaban conmigo, una banda de viajeros en busca de un indulto. Nos habíamos ofrecido como voluntarios para asistir a esta misión; sospechábamos, pero no sabíamos con seguridad, que estaríamos atados al destino kármico cíclico de la Tierra densa. Observé como el halcón voló por un momento y luego desapareció en el sol.

"El exuberante valle se extendía ante nosotros, la flora verde se extendía a las orillas de los ríos. Las palmeras se balanceaban en el viento. Podía ver la progresión del tiempo a medida que los agricultores, artesanos y constructores emergían de la población local: cultivaban la tierra y comencé a construir nuestras ciudades. Observé cómo se erigían los andamios y se construían los edificios. Sucedió en segundos, pero sabía que pasaban cientos y cientos de años.

"De repente, todo estaba quieto. Escuché al halcón de nuevo, y cuando miré hacia arriba, estaba viendo mi propio reflejo en un espejo pulido. Estaba usando un vestido blanco y podía sentir la ligereza de las sábanas contra mi piel. Mis pies descalzos estaban sobre el piso de piedra. Me incliné para mirar más de cerca. Tomé un pincel, lo sumergí en kohl y comencé a trazar el contorno de mis ojos. Me detuve en la esquina interior de mi ojo izquierdo y arrastré el pincel lentamente contra mi piel, trazando el contorno de mi pómulo. Repetí esto con mi ojo derecho, sintiendo todas las cerdas, mojándome contra mi piel, pintándome con el maquillaje ceremonial de honor y reverencia por lo que estaba a punto de hacer.

"Tomé un collar dorado y lo abroché alrededor de mi cuello. Levanté mi tocado con ambas manos y lo coloqué sobre mi cabeza. Los cuernos y el disco estaban hechos de oro. Una piedra verde cortada como una esmeralda brillaba en el centro de mi frente.

"Lenta y deliberadamente crucé la habitación, pasé por un pasillo corto y entré en una antecámara. Miré la mesa a mi derecha. Sobre esta, había instrumentos quirúrgicos dorados. Pasé mis dedos sobre ellos. Podía sentir el latido de mi propio corazón contra el interior de mi caja torácica. Hice una pausa sobre un instrumento

que se miraba como una cruz entre una hoz cosechadora y una cimitarra. Respiré hondo y lo levanté.

"Entré la habitación y vi un ser sobre la mesa esperándome. Di un paso adelante y cerré la puerta detrás de mí". - Isis

Sobre las Autores

La británica Alison David Bird, C. Ht y la estadounidense Lisa Wilson abarcan 20 años de metafísica espiritual y sanación energética entre ellas. Juntas, llevan la Misión de Marconics- La Reforma Humana en todo el mundo, capacitan a los practicantes de Marconics y enseñan la Alquimia Espiritual y los Mecanismos de Ascensión. Ambas viven con sus familias en Massachusetts, Estados Unidos.